KB195209

다민족 사회
대한민국

다민족 사회 대한민국
이주민, 차별, 인종주의

손인서 지음

2024년 12월 13일 1쇄 발행

펴낸이 한철희 | **펴낸곳** 돌베개 | **등록** 1979년 8월 25일 제406-2003-000018호
주소 (10881) 경기도 파주시 회동길 77-20 (문발동)
전화 (031) 955-5020 | **팩스** (031) 955-5050
홈페이지 www.dolbegae.co.kr | **전자우편** book@dolbegae.co.kr
블로그 blog.naver.com/imdol79 | **인스타그램** @dolbegae79 | **페이스북** /dolbegae

편집 하명성
표지디자인 허귀남 | **본문디자인** 이은정·이연경
마케팅 심찬식·고운성·김영수 | **제작·관리** 윤국중·이수민·한누리 | **인쇄·제본** 한영문화사

ISBN 979-11-94442-04-2 (93300)

책값은 뒤표지에 있습니다.

이 저서는 2021년 대한민국 교육부와 한국연구재단의 지원을 받아 수행된 연구임.
(NRF-2021S1A5B5A16077554)

다민족 사회

대한민국

손인서 지음

이주민

차별

인종주의

돌베개

머리말

2023년 말 국내 언론들은 2024년에 한국이 다문화·다인종 사회로 진입한다고 일제히 보도했다. 그러면서 하나같이 경제협력개발기구(OECD)에서 이주배경인구가 전체 인구의 5퍼센트를 넘으면 다문화·다인종 사회로 분류한다는 근거를 내세웠다.[1] 정부보고서[2]는 물론 다수의 학술 논문[3]도 수년째 같은 근거를 내세우고 있다. 하지만 그 어디에서도 출처를 제시한 곳은 없다. OECD는 그런 정의를 내린 적이 없기 때문이다.[4] 언론, 정부, 대학은 거짓말을 하는 셈이다.

2024년 6월 24일 경기도 화성시의 리튬전지 제조업체에서 일어난 화재로 노동자 23명이 귀중한 목숨을 잃었다. 사망한 노동자는 대부분 이주민으로 역대 최악의 이주민 산업재해였다. 우리 대신 이주민은 저임금, 고위험, 고강도의 일자리를 채웠고 화성 참사는 그 귀결이었다. 거의 모든 언론은 참사 희생자를 그저 '이주노동자'나 '외국인 근로자'로만 보도했다. 그러나 이주민 희생자는 상당수 재외동포이거나 결혼이주민이었다.[5] 이들은 정부가 국민에 준하

5

는 법적 지위(혹은 영주·귀화 신청 자격)를 부여하는 몇 안 되는 체류자격이다. 즉 이들은 사실상 시민(혹은 시민이 될 이민자)이었다. 그러나 언론과 시민단체, 심지어 정부도 그저 외국 국적자로만 불렀다. 한국은 다문화 사회가 맞을까?

한국에서 본격적인 이주민 유입의 역사는 20여 년이 넘어섰고 이주민 관련 기사는 매일매일 쏟아지고 있다. 서점에서 다문화 관련 책들이 베스트셀러를 기록하기도 하고, 대학에서는 다문화 관련 강좌들이 넘쳐난다. 그러나 우리는 소위 다문화 사회를 올바르게 이해하고 전망할 수 있는 잣대를 가지고 있지 않다. 이주민, 차별, 인종주의에 대한 정의와 개념도 확립된 것이 없다. 이 때문에 이주민은 왜 증가하는지, 이들은 국내에서 왜 불이익을 당하는지, 왜 차별을 당하는지, 왜 적응을 못 하는지, 왜 우리는 이주민을 경멸하는지, 왜 국민 다수는 여전히 이민에 반대하는지에 대해 정부와 대학, 언론은 적절한 이유와 설명을 제시하지 못하고 있다. 다문화 사회를 찬성하는 편도 반대하는 편도 마찬가지다. 잘못된 이해는 결국 잘못된 해결책과 전망을 낳을 뿐이다.

이제는 '다문화 사회'로 대표되는, 모호하고 왜곡된 한국의 이주민 관련 정책과 이론, 그리고 담론에 대한 근본적인 반성과 비판이 필요한 시점이다. 다문화 사회는 이주민을 포함하고 있는 현재의 한국사회를 가리키는 용어지만 사실 한국사회를 가장 오도하는 말이다. 단순히 이주민의 수가 많다고 다문화 혹은 다인종 국가가 되는 것이 아니다. 다문화 사회라는 알맹이 없는 수사 아래에서 정부는 저개발국 출신 이주민을 착취하는 데 몰두하고 있다. 대학은 구조적 착취와 차별에 눈을 감고 있다. 언론은 정부와 대학의 주장을 비판적 검토 없이 반복한다. 검증되지 않은 주장, 이론, 수사들이 현실을 왜곡하고 있다. 그 결과로 국내 다문화 사회는 현실과 담론이 철저히 괴리되었다.

이 글은 다문화 사회 대신 '다민족 사회'라는 키워드에서 출발하여 한국사회의 여러 이주민 문제를 다시 바라볼 것을 제안한다. 다민족 사회는 출신지와 민족, 혹은 인종이 다른 여러 집단이 함께 살아가는 사회를 가리킨다. 이러한 사회는 반드시 다수와 소수, 내국인과 이주민, 혹은 권력을 가진 집단과 그렇지 않은 집단으로 구성되기 마련이다. 이런 사회에서 갈등과 불평등은 필연적이다. 힘을 가진 집단은 그렇지 않은 집단을 차별하고 비하한다. 다민족 사회에서 인종주의와 차별은 필연적인 결과다. 인종주의는 피부색같이 눈에 보이는 차이에서 비롯된다고 흔히 생각하지만 이미 많은 연구는 그렇지 않다고 결론 내렸다. 인종주의는 지배적인 다수가 소수자를 구분 짓기 위해서 만들어낸 가상의 발명품이며 이를 떠받치는 기둥이 편견, 차별, 그리고 혐오다. 인종주의와 차별은 다민족 사회가 반드시 맞닥뜨릴 수밖에 없는 현실이다.

따라서 이 글은 인종과 인종주의의 관점에서 다민족 사

회 한국을 재조명한다. 한국의 이민정책과 이주민 집단들의 역사와 현실을 되짚어보고 지금까지 당연시하고 문제시하지 않았던 다민족 사회 한국을 조명한다. 하지만 한국사회만 바라봐서는 이러한 현실을 제대로 이해하기 어렵다. 외국에서는 우리 역시 유색인종이고 차별받는 존재라는 자각이 필요하다. 이러한 점에서 미국의 아시아계와 한국계 미국인의 역사와 현실을 살펴보는 일이 필요하다. 미국 이민사는 흑인, 라틴계 미국인과 함께 동양인의 역사였고, 인종차별을 극복하고 다민족 사회가 지속하려면 인종주의와 차별에 대한 자각과 연대가 필요하다는 것을 보여준다. 결국 이 글은 한국이라는 다민족 사회의 여러 면면을 새롭게 발굴하기보다는 비판적 시각에서 재해석한다. 이를 통해 다민족 사회인 현재 한국의 문제점을 진단하고, 구성원들 간의 공존과 연대를 새롭게 모색할 것을 제안한다.

소수자에 관심을 갖고 관행과 권위를 거스르는 글을 환영해준 『가톨릭평론』과 『가톨릭뉴스 지금여기』가 없었다면 이 책은 나올 수 없었다. 책의 많은 부분은 두 매체에 기고한 글에서 발전되었다. 그리고 인종 연구로 이끌어준 지도교수 보닐라-실바Eduardo Bonilla-Silva와 책을 쓰도록 북돋아준 친구 김지환에게 특별한 감사를 전한다.

머리말   5

1   다문화 대한민국

이민 없는 이민정책과 다문화 없는 다문화 사회   13

다문화 이주민에서 인종으로   15

이민 없는 이민정책   21

다문화 없는 다문화 사회   29

인종 없는 인종차별   34

차별 없는 다문화 사회?   42

아인슈타인은 오지 않는다   51

너희는 그래도 된다   57

우리 대신 우리를 돌보는 이주민   63

너희에게 인권 따윈 필요 없다   69

혐오로 표를 모으다   75

이민청이 저출생 해법?   80

이주민을 위한 K-방역은 없다   85

2   다민족 대한민국

이주민과 인종차별의 역사와 현재   91

아주 오래된 인종차별   93

한국이라는 인력사무소   98

한 줌의 백인, 다문화의 얼굴   104

배우자가 아닌 가정부   110

누구를 위한 가사도우미인가?   115

부려먹고 추방하기   121

2세대 이주민과 2등시민   126

허울뿐인 난민정책과 난민혐오   133

너는 한국인이 아니다   138

한국의 흑인, 중국동포와 인종주의   144

동포도 난민도 이주민도 아닌   150

역사에서 지워진 이주민   157

한국의 게토, 대림동과 이주민 지역공동체   161

3　글로벌 대한민국

한국계 미국인과 글로벌 인종주의　　　　　167

인종으로서 아시아인　　　　　169

재미교포, 어디에도 속하지 못한 이방인　　　　　179

떠도는 한인 입양인과 미등록 이주민　　　　　185

빈센트 친과 인종연대　　　　　190

폐허 속에서 얻은 깨우침, 사이구와 한인공동체　　　　　197

맺음말　　　　　203

주　　　　　209

찾아보기　　　　　229

발표 지면　　　　　232

일러두기

1. 이 책은 이민자(immigrants)를 가리키는 용어로 '이주민'을 사용한다. 이민자는 자신의 출신지를 떠나 다른 국가 혹은 지역에 정착하여 생활하는 사람을 가리키는 용어다. 반면 이주민은 'migrants'의 번역어로 이동(이주)하는 사람이라는 의미만을 가지고 있다. 따라서 이주민은 이민자를 가리키기에는 적절하지 않은 용어다. 그러나 국내에서 이주민이란 용어가 이미 대중적으로 사용되고 있어 글의 가독성을 위해 이민자를 통칭하는 용어로 사용했다.

2. 국내 이주민 통계는 특별한 언급이 없으면 출입국·외국인정책 통계월보(법무부 출입국·외국인정책본부, 2023년 12월)를 사용했다. 연도별 현황은 연도별 출입국·외국인정책 통계연보를 이용했다. 통계월보·연보는 귀화자에 대한 통계가 없기 때문에 귀화자가 포함된 통계의 경우는 2022 지방자치단체 외국인주민 현황(행정안전부, 2023년 11월)을 사용했다.

1

다문화 —— 대한민국

이민 없는 이민정책과
다문화 없는 다문화 사회

다문화 이주민에서 인종으로

이민자 없는 한국사회?

정부에서 이주민을 지칭하는 통일된 용어는 없다. 국내 이민정책의 공식명칭은 "외국인" 정책[1]이며 소관부서도 법무부의 출입국·"외국인" 정책본부다. 출처에 따라 "체류외국인", "외국인주민"으로 지칭되기도 한다. 반면 이주민 대상 국가승인 통계 중 하나인 이민자체류실태 및 고용조사는 "이민자"로 지칭한다. 그리고 2023년 11월 대통령직속 국민통합위원회는 "이주민" 자치참여 제고 특별위원회를 출범시켰다. 출범식에서 김한길 국민통합위원회 위원장은 이주민 용어의 혼란을 지적하며 "이주배경주민"으로 정의할 것을 제안하기도 했다.[2]

학계도 통일된 용어를 가지고 있지 않다. 연구에서 이주민migrants, 이민자immigrants, 외국인foreigners, 다문화 집단, 다문화 소수자, 외국인 주민 등의 용어가 혼재되어 사용된다. 최근에는 대학과 언론에서 '이주민'을 널리 사용하는 추세다. 하지만 이주민의 정의와 용어에 관한 진지한 토론은 현재까지 이루어지지 않았다.

정부가 주로 사용하는 '외국인'과 학계와 언론이 사용하는 '이주민'이라는 단어는 사실 국내 이주민의 본질과 거리가 멀다. 국제기구에서 권고하는 용어는 "이민자"immigrants로, "1년(12개월) 이상의 기간 동안 평소 거주하던 국가가 아닌 다른 국가로 이주한 사람으로, 목적지 국가가 사실상 새로운 거주 국가가 되는 경우"[3]로 정의된다. 이 말이 함의하는 바는, 이민자를 다른 집단과 구별 짓는 가장 큰 특징은 국가 간 이동에 있는 것이 아니라 모국이 아닌 나라에 정착한다는 것이다. '외국인'과 '이주민'에는 그런 의미가 없다. 정부와 학계는 이주민의 본질을 놓치고 있다.

이민자의 가장 큰 특징은 새로운 거주국에서 선주민(내국인)에 수적으로, 법적으로, 그리고 지위상으로 종속된다는 점이다.[4] 한국은 물론 많은 국가는 외국인의 이민 자격을 까다롭게 규정하고 제한된 권리만을 부여한다. 그 결과 이민자는 국가권력(체류자격)에 종속된다. 그리고 이민자는 내국인에 비해 수적으로 소수일 뿐만 아니라, 사회, 경제, 법적 지위에서 뒤쳐져 있다. 사회에서 이민자는 내국인에 종속될 수밖에 없다. 이 경우 국가와 사회는 내국인을 더 우대하고 이민자를 더 착취하는 경향을 띨 수밖에 없다. 이를 정당화하기 위해 그들(이민자)과 우리가 여러 면에서 다르다는 인식이 발전된다.

집단(다수의 내국인)의 이익을 위해 타인을 구분 짓는 과정을 인종화racialization라고 하고 그 구분을 인종race, 구분 짓는 이념을 인종주의racism라고 한다.[5] 따라서 인종은 우리가 생각하듯 피부색에 국한되지 않는다. 인종은 우리와 타인을 구분 짓는 표식이고 따라서 구분은 다양할 수밖에 없다.[6] 이미 많은 연구와 역사적인 예들은 인종이 피부색뿐만 아니라 문화, 출신국, 종교, 억양 등 다양한 요인에서 기인할 수 있음을 보여준 바 있다.[7] 그리고 그 대상 역시 원주민, 이민자, 노예, 난민 등 다양하다. 인종은 내국인과 이주민 사이의 불평등한 관계의 결과로서 나타나는 보편적인 현상이지, 일부 국가나 사람들의 문제가 아니다.

가해자 없는 차별?

이미 이주민 인구가 200만 명을 넘어선 한국사회에서 우리는 이주민과 관련된 여러 사회문제를 언론 등을 통해서 접하고 있다. 이주민을 향한 내국인의 거부감과 적대감, 차별과 혐오, 그리고 이주민의 사회 부적응이나 경제적 어려움 등이 그것이다. 지금껏 정부와 학계의 해답은 두 가지로 나넌다. 이주민이 한국사회에 적응하지 못하거나 개인의 능력과 성격에 문제가 있어서,[8] 혹은 단일민족으로 살아온 내국인이 근거 없는 편견을 가지고 있어서.[9] 두 가지 관점 모두 사회문제를 개인의 탓으로 간주한다. 개인 탓이라면 이주민의 능력, 성격, 문화가 비정상적이고 이주에 부적합한 것으로 보거나, 내국인 상당수의 믿음을 비합리적이거나 시대에 뒤떨어진 것으로 취급해야 한다. 그러나 이러한 추정은 상식에 맞지 않는다.[10] 마찬가지로 이주민에 대한 차별적 믿음을 서구의 인종주의 이념과 사상이 유입된 영향으로 생각하는 관점이 있다.[11] 그러나 이 역시 차별하는 다수의 개인을 무분별하게 서구 이념을 따르는 몰지각한 사람으로 간주하기 때문에 적절하다고 볼 수 없다. 만약 이주민 문제가 개인 혹은 이념 탓이라면 정부의 이민정책이나 주류 사회는 직접적인 책임이 없다고 간주되어야 한다. 이 논리에 따라 정부와 학계는 이민법과 우리 사회는 문제가 아니라고 늘 강변해왔다.

그러나 인종과 인종주의는 정부나 내국인이 자신의 이익을 취하기 위해 이주민을 이용하는 과정에서 자연스럽게 발생한다. 정부가 이민정책을 통해 이주민에게 충분한 기회와 시민권을 주지 않는 이유는 내국인의 일자리를 지키면서 이주민의 노동력을 활용하기 위해서다. 내국인 역시 기회와 권리의 차이를 이용해 나의 이익을 취하거나 적어도 빼앗기지 않도록 노력한다. 이주민으로부터 내국인의 이익과 기회를 높이거나 지키는 과정은 필연적으로 이주민들이 우리와 다르고, 심지어 열등하다는 믿음, 즉 인종과 인종주의를 생산한다. 이렇게 정부나 내국인이 법, 제도, 언론 등을 통해 이주민을 의도하든 의도하지 않든 인종으로 만드는 과정을 "인종기획"racial project[12]이라고 한다. 인종의 형성이 일종의 '기획'인 이유는 인종이 생물학적으로 당연한 것도, 몰지각한 개인들이 만들어낸 것도, 아니면 유입되거나 자생적인 이념 또는 사상이 만들어낸 것도 아니기 때문이다. 국가나 내국인 등 사회적 집단이 만들어낸 것이다. 한국의 상황도 마찬가지다. 이주민 유입에 따른 사회문제는 정부와 우리 자신이 만들어낸 것으로 인식할 때만 적절한 해결책도 모색할 수 있다.

남 탓만 하는 정부

그러나 한국 정부는 지금까지 이주민의 유입으로 인해 발생하는 문제를 개인과 이념의 문제로 취급해왔다. 지금까지 정부와 학계의 해결 방안이 이주민과 내국인 개인의 인식 개선[13]에 머물렀던 이유는 여기에 있다. 그러나 이 대책은 전혀 효과를 나타내지 못했고, 이주민 인구의 확대로 문제는 악화되고 있다. 현재 사회문제를 적절하게 이해하기 위해서는 개인을 넘어 정부의 이민 기조와 정책, 그리고 내국인과 이주민의 구조적 관계가 미치는 영향을 파악해야 한다. 인종(주의)의 문제는 서구에서 벌어지는 예외적인 사례가 아니라, 지금 한국의 상황이기도 한 이유다.

이민 없는 이민정책

정부가 이민정책을 지칭하는 공식 명칭은 '외국인정책'[14] 이었다. 말 그대로 보자면, 외국인은 한국인이 아닌 국내외 모든 사람을 지칭하므로 외국인정책은 외국인의 국내 이주, 즉 이민과는 아무 관련이 없는 용어다. 그럼에도 왜 한국 정부는 외국인정책이라는 용어를 고수했던 것일까? 정부는 이민이란 말이 우리나라 국민의 '해외 이민'으로 오독될 우려가 있기 때문에 대안적인 용어를 사용했다고 해명한다.[15] 시중에 떠도는 얘기로는 국민들이 이민에 대해 가지고 있는 강한 반감을 고려했다는 후문이 있다. 어찌 되었든 간에 외국인정책은 한국만의 이상한 조어임은 틀림없다. 2024년 드디어 '이민정책'으로 명칭이 변경되었지만, 이 말도 안 되는 용어는 한국 이민정책의 모순을 상징적으로 드러낸다.

우리는 이민이라고 하면 한 국가에서 다른 나라로 건

너가 정착하는 모습을 상상한다. 국제이주기구International Organization for Migration 역시 이민을 "자신의 국적이나 일상적으로 거주하는 국가가 아닌 다른 국가로 이주하는 행위로서, 목적지 국가가 새롭게 일상적으로 거주하는 국가new country of usual residence가 되는 것"으로 정의한다.[16] 그래서 이민정책 역시 외국인의 국내 정착에 관한 법률일 것이라 생각한다. 그렇지만 이민정책은 국경의 통제, 외국인의 출국·입국 및 체류 관리, 그리고 이주민의 사회통합을 아우르는 다양한 정책의 묶음이다. 일련의 법률을 통해 이민정책은 누구를 어떤 목적으로 받아들이고 금지할지, 받아들인다면 얼마나 어떻게 머물도록 할지, 머문다면 어떻게 관리할지를 규정한다. 그래서 이민정책은 여행 목적의 단기 체류자에서부터 영구적으로 한국 국민이 되는 귀화자까지를 포괄하는 정책인 셈이다. 그래서 일반인이 생각하듯이 이민법 혹은 이민정책이 무조건 이주민을 양산할 것이라는 우려는 기우에 불과하다. 이민정책은 국가에 따라 개방적일 수도 폐쇄적일 수도 있기 때문이다.

이민 없는 이민정책

한국의 이민정책은 대중의 우려와는 달리(?) 소수의 외국인에게만 정착을 허용하는 매우 폐쇄적인 기조를 가지고 있다. 오직 한국인의 배우자와 한국계인 재외동포만 정착 대상이다. 한국인과 혈연관계에 있지 않은 외국인은 원칙적으로 정착을 허용하지 않는다. 그래서 한국의 이민정책은 상식적 의미의 '이민'정책이 아니다. 한국인 배우자와 재외동포를 제외한 외국인 대상 이민정책은 노동력 도입이 목적으로 단기고용이 원칙이다. 즉 일정 기간 체류 후에는 반드시 떠나야 한다. 하지만 예외는 있다. 자본, 학력, 기술 등에 따라 차별적으로 체류자격이 부여된다. 단순기능인력으로 입국하는 외국인은 최장 4년 10개월의 체류만 가능하다. 사업장 변경 불가와 같이 이동권이 제한되고 가족 동반과 같은 정착의 기본적인 권리가 보장되지 않는다. 이들은 2023년 현재 약 45만 명[17]으로 이주노동인력의 대부분을 차지한다.

반면 높은 숙련도나 자격을 요하는 '전문인력'은 가족 동반은 물론 장기체류 신청에 유리한 기회가 주어진다. 그러나 이들의 수는 2023년 현재 약 7만 명으로 전체 이주노동인력의 16퍼센트에 지나지 않는다. 게다가 전문인력으로 분류된 비자의 상당수는 '회화지도', 즉 영어 강사나, 가수 또는 댄서 등의 '예술흥행' 비자 소유자, 그리고 요리사 등이 포함되어 실제 전문인력으로 분류될 수 있는 이주노동자는 훨씬 적을 것으로 추산된다.[18] 사실상 이주노동자의 절대다수는 비전문인력(단순기능인력)인 셈이다. 하지만 정부가 이민 대상으로 간주하는 사람들은 극소수의 전문인력 이주노동자뿐이다. 국내 이민법이 이민 없는 이민정책인 이유다.

인종 없는 인종 만들기

인적자본에 따른 차별적 이민정책은 사실상 국적과 피부색에 따른 구별, 즉 인종을 만들어냈다. 이민법은 외국인의 출입국과 체류의 규정이지만, 체류자격과 조건의 규정을 통해 결국 누가 한국인의 일원이 될 수 있는지, 누가 될 수 없는지를 간접적으로 규정한다. 그리고 체류자격과 조건은 이민자가 한국에 편입될 수 있는(혹은 없는) 이유가 되어 사회구성원의 인식에 스며든다. 이민정책은 정부가 의도하지 않았을지라도 사실상 이민자들에게 체류자격과 조건에 의해 서로 다른 지위를 부여하여 인종을 만들어낸다.

비전문인력 외국인의 고용을 규정하는 이민법은 고용허가제이다.[19] 고용허가제는 해외 16개 국가와 인력 도입 협정을 맺고 그 국가들로부터만 인력을 수입한다. 베트남, 필리핀, 태국, 인도네시아 등 동남아시아 국가가 대부분이고 몇몇 동아시아와 중앙아시아 국가들이 포함된다. 고용허가제에 따라 국내에는 주로 동남아시아 출신의 저임금 단순기능 이주노동자가 충당되어왔다. 이들에게는 영주권을 비롯해 정착의 기회가 사실상 주어지지 않는다. 이민정책은 자연스럽게 사회에서 동남아 이주노동자를 저급한 일을 하는, 우리 사회에서 함께 살아갈 수 없는, 그래서 우리와 다른 '인종'으로 만들었다.

　　동남아 출신 비전문인력 이주노동자와 대비되는 건 소수의 전문인력 이주노동자다. 이들은 전체 이주노동자의 16퍼센트밖에 되지 않지만 미디어 노출의 대부분을 차지한다. 〈대한외국인〉, 〈이웃집 찰스〉 등의 예능 프로그램에 출연하는 이주노동자의 다수는 백인 그리고(혹은) 전문직 노동자다.[20] 이 예능프로그램은 백인-비백인의 서구 인종주의를 반영하기도 하지만, '백인:전문인력'-'비백인:비전문인력'이라는 국내 이민정책의 구도와도 연결된다. 백인은 고급인력이므로 우리가 함께 살아갈 수 있지만, 비백인, 특히 동남아시아인은 단순기능인력으로 단기간 체류 끝에 돌려보내야 할 노동력을 제공하는 대상일 뿐이다. 국내 이민법은 인종, 즉 차별해야 할 대상과 포용할 대상을 구별했고 그 구별을 고착화했다.

　　재외동포 역시 결혼이민자와 함께 이민 대상이지만, 재외동포법[21]은 출신지에 따른 동포들 간의 위계racial hierarchy를 제도화하여 또 다른 종류의 인종을 출현시켰다. 1999년 정부가 재외동포법을 제정할 당시 재외동포의 범위를 "대한민국 국적을 보유하였던 자 또는 그 직계비속으로 외국 국적을 취득한 자"로 규정해 정부 수립 이전에 한국을 떠난 자가 대부분인 중국과 구소련 출신 한인을 동포의 범위에서 제외시켰다.[22] 재외동포법의 제정 이유에 대해서는 다양한 견해가 존재한다. 그러나 그 이유와 관계없이 재외동포법은 재외동포의 출신지별 구분과 차별을 고착화하고 제도화했다. 정부의 시각에서 재외동포에 관한 정책적 관심은 당시 유행하던 '세계화'의 일환으로 추진되었다. 한국에서 세계화는 곧 서구화를 의미했으므로 재외동포 정책 역시 서구로 이주한 한인을 겨냥했다.[23] 서구 출신 재외동포를 위한 재외동포비자(F-4) 체류자격이 단순노무직의 취업을 불허한 것은 그 예다.

이와 맞물려서 1992년 한중 외교정상화에 따라 밀려들어온 중국 출신 한인들은 인력이 부족했던 저임금, 고강도의 제조업과 서비스업종에 일하기 시작했다. 저렴하게 '부려먹을' 수 있고 한국어가 가능한 노동력으로 인식된 중국동포는 동포라기보다는 또 다른 이주노동자로서 사회에 각인되기 시작했다. 당시 구사회주의권 국가에 대한 반감이나 서구권과 비서구권에 대한 인종주의적 관념 역시 이러한 각인에 일조했다.

시민사회와 중국동포 단체의 반발과 저항으로 재외동포법은 2004년 헌법재판소의 헌법불합치 판결을 받았다. 이에 2008년 재외동포법이 개정되어 중국 및 구소련 출신 한인도 재외동포로서 인정받게 되었다. 그렇지만 정부는 여전히 '전문직=서구 출신 재외동포'라는 재외동포법의 골격은 유지한 채 중국 및 구소련 출신 한인을 노동력으로

이용하기 위해 방문취업제(H-2)라는 별도의 법률을 제정
했다. 이 법은 중국 및 구소련 출신 재외동포들의 단순노무
직 취업을 허용하여, 사실상 이주노동자로서 관리하는 제
도다. 방문취업제와 재외동포법의 이중체계는 출신지별로
재외동포를 차별하는 현실을 반영한 것이다.

실제와 상상의 괴리

만약 여러분이 미국 이민을 계획한다고 가정해보자. 한국
에서 찾기 어려운 안정된 직업과 고소득, 그리고 여유로운
삶을 꿈꾸며 이민을 생각할 것이다. 그리고 안정된 직장을
가지게 된다면, 의심의 여지 없이 미국에 정착해 오랫동안
살아갈 계획을 할 것이다. 그러나 여러분이 베트남 국적의
한국 이민자라면 정착의 꿈은 버려야 한다. 한국에 이런 이
민제도는 사실상 없기 때문이다. 당신이 한민족이거나 한
국인과 결혼한 사람이라면 모를까. 아니면 서구 출신의 전
문인력 비자로 들어온, 7만 명도 안 되는 전문직 노동자에
속한다면 가능하겠다. 하지만 그런 전문직이라면 더 높은
임금과 더 많은 기회를 제공하는 미국이나 유럽으로 이민
을 가는 편이 낫다.

　　이민에 반대하고 이주민에 차별적인 일부 시민들은 사
실 걱정할 필요가 없다. 그들의 염려와 다르게 국내 이민법

은 이미 매우 차별적이기 때문이다. 그들이 염려하는 이주 노동자들은 5년도 채우지 못하고 고국으로 쫓겨날 운명이다. 정부의 이민정책이 '이민'정책이 아닌 이유다.

다문화 없는 다문화 사회

다문화라는 명백한 거짓말

한국에는 다문화가 없다. 한국에 다문화가 없다니 이게 무슨 소리인가? 한국에 이미 250만 명이 넘는 외국인이 살고 있고, 이웃에 40만의 다문화 가정이 있으며 30만 명의 다문화 자녀가 자라나고 있다. 그리고 우리는 안산과 대림동 등지의 다문화 거리에서 외국 음식을 먹고 있지 않은가? 정부 역시 다문화주의를 표방하고 수많은 다문화 정책을 시행하고 있지 않은가? 많은 사람은 이렇게 반문할 것이다. 하지만 다문화만큼 한국의 현실을 왜곡하는 단어는 없다.

서로 다른 여러 문화와 민족을 뜻하는 다문화는 한국에서 크게 세 가지 뜻으로 쓰인다. 첫째, 다문화는 '다문화주의'multiculturalism의 줄임말이다. 우리는 흔히 다문화주의를 서로 다른 문화 혹은 민족 간에 나타나는 차이를 인정하고,

사회에서 서로 공존을 추구하는 이념이나 정책으로 단순하게 이해한다. 하지만 보다 정확히 말하면 국가가 이민자에게 내국인과 동등한 권리를 보장하고 사회가 이들의 문화적 차이를 수용하는 정책이다.[24] 다문화주의의 본질은 동등한 권리보장에 따른 문화 차이의 수용인 셈이다.

그러면 과연 우리 정부는 다문화주의를 지향하고 다문화주의를 실현하기 위한 정책을 추진하고 있을까? 지금까지 정부는 단 한 번도 다문화주의적 정책을 추진한 적이 없다. 첫째로 정부의 이민정책은 한국인과 결혼한 외국인과 재외동포를 제외하고 외국인의 영주를 원칙적으로 허용하지 않는다. 다시 말하자면 같은 민족이나, 결혼을 통해 맺어진 혈연을 제외하고 다른 문화, 민족, 인종을 사회의 일원으로 받아들이지 않겠다는 의미이다. 둘째로 소위 다문화 관련 제도들 역시 다문화주의와 거리가 멀다. 국내 이민정책은 이주민에게 내국인과 동등한 권리를 제공하지 않는다. 귀화를 통한 시민권 획득은 매우 소수만이 가능하고 나머지 체류자격(비자)은 권리가 매우 제한된다. 게다가 정부는 이주민 문화와 한국문화의 공존을 추구한 적도 없다. 예를 들어 정착 이주민 지원은 다문화 가족, 즉 한국인과 외국인으로 구성된 가정에 집중되어 있는데 대부분 정착이나 자녀 보육과 같이 주로 복지 차원에서 이루어지고 있다. 이주민에 대한 각종 교육프로그램 역시 한국어나 한국 사회문화 교육에 집중된다. 대표적으로 법무부가 시행하는 이주민 대상 교육 프로그램인 '사회통합 프로그램'을 들여다 보자. 교육 과정은 ① 한국어와 한국문화, ② 한국사회 이해가 전부다.[25] 만약 다문화주의에 입각한 교육 프로그램을 설계했다면 동등한 사회 성원으로서의 권리와 인권, 상호 문화 차이에 따른 이해와 공존에 대한 프로그램을 포함해야 한다. 하지만 법무부의 사회통합 프로그램은 다문화주의적 '사회통합'과는 거리가 멀고 이주민을 한국사회와 문화에 흡수시키는, 동화교육 과정에 가깝다. 국내 이민정책은 다문화주의 정책이 아니다.

둘째, 국내에서 다문화는 국제결혼 가정을 가리킨다. 다문화라는 표현은 2000년대 초반 국제결혼 가족에 대한 차별적 시선을 완화할 목적으로 시민단체가 '다문화 가족'이라는 말을 처음 제안하고, 2000년대 중반 정부에서 채택하면서 널리 사용되었다. 그러나 다문화 가족이라는 말은 서구에서도 유례를 찾을 수 없는 신조어다. 다양한 문화의 병존을 뜻하는 다문화는 사람을 지칭할 수 없을 뿐 아니라, 한국의 국제결혼 가족 대다수는 한국의 생활방식과 문화를 강요받고 이에 따라 살아간다. 국제결혼 가족은 다민족multiethnic 혹은 다인종multiracial 가족으로 정의해야 옳다. '다문화 자녀' 역시 '다민족(인종) 가족 자녀'가 적절한 표현이다.

셋째, 다문화 가족에서 시작된 다문화는 한국에서 이민사회(국가)를 일컫는 말이 되었다. 21세기 한국을 표상하는 단어로 다문화가 주저 없이 꼽힌다. 우리는 일상적으로 다문화 사회, 다문화 거리, 다문화 배경, 다문화 인식, 다문화 수용성이란 말을 사용한다. 그러나 다문화주의가 없는 한국의 다문화는 여러 문화가 아니라 오직 타문화, 타민족, 그리고 타인종을 가리킬 뿐이다.

다문화는 이주민을 향한 곱지 않은 시선을 누그러뜨리기 위해 채택된 말이지만 역설적으로 지금은 이주민을 차별하고 조롱하는 언어가 되었다. 학교에서 다문화 배경, 다문화 자녀, 다문화 청소년은 다민족 가정이나 외국인 가정의 자녀를 비하하는 말이 된 지 오래다. 학교뿐인가. 다문화 가족은 가난하고 복지 예산을 축내는 가정으로, 다문화 사회는 소란스럽고 혼란스러운 외국인의 천국으로, 다문화 거리는 더럽고 위험한 외국인의 거리로 사람들 사이에 회자된다. 다문화는 다른 민족이나 문화와의 공존이 아닌 배척의 상징이 된 지 오래다.

글로벌 가정과 다문화 가정

다문화라는 말이 더욱 문제가 되는 이유는 다문화가 다른 문화와 민족을 차별적으로 가리키는 용어가 되었기 때문이다. 우리는 미국과 유럽의 백인과 서구문화를 다문화라 부르지 않는다. 다문화는 우리보다 경제적·문화적으로 열등하고 피부색이 다른 동남아시아 사람과 문화를 상징한다. 대중매체는 베트남이나 캄보디아와 같은 동남아 출신 배우자를 둔 가족을 다문화 가족이라고 부르고 미국이나 유럽 등 서구 출신 배우자를 둔 가정을 "글로벌 가족"으로 지칭한다. TV에서 다문화 가정은 가족끼리 다투고 시대에 뒤떨어진 모습들로 묘사되지만, 글로벌 가정은 화목하고 트렌디한 문화를 누리는 장면들로 채워진다. 다문화는 결국 백인과 유색인종, 서구와 아시아를 차별하는 인종차별적 수식어가 되어버렸다.

한국에 다문화는 없다. 정부와 사회는 여전히 단일 문화를 고수하고 이주민에게 이를 강요하고 있다. 정부 정책 역시 동화주의적 기조를 바꾼 적이 없다. 결국 국내에서 다문화는 타문화와의 공존이 아니라 타문화 배제를 상징한다. 결국 다문화는 우리의 현실을 감춘 포장지일 뿐이다.

인종 없는 인종차별

끊이지 않는 인종차별

최근 몇 년 사이 대구시가 인종차별 논란의 중심에 놓였다. 경북대학교 주변 한 주택가에서 이슬람사원 건립을 놓고 무슬림 유학생과 주민들이 수년째 충돌하고 있다. 대중의 관심에서 멀어져 있지만, 이 사건만큼 한국사회 인종차별의 현주소는 물론, 인종차별에 대한 대학, 언론, 지자체의 무지와 혼란을 잘 보여주는 예도 없다. 사건의 발단은 대구시에 위치한 경북대학교에 무슬림 유학생의 수가 늘어나면서 일부 유학생들이 종교활동을 위해 2012년 학교 근처 주택을 임대하면서 시작되었다. 유학생들은 안정적인 예배 공간을 확보하기 위해 모금 활동을 벌여 사원 건립 비용을 마련했다. 그리고 수년이 지난 2020년 건축허가를 받고 공사를 시작했다.

10여 년간 아무 일도 일어나지 않았는데 갑자기 갈등이 시작되었다. 2021년 일부 주민들이 이슬람사원 건립 반대 비상대책위원회를 꾸리고 반대운동에 나서기 시작했다.[26] 이들은 해당 구청에 제출한 탄원서에 "이슬람인들의 횡포가 예상&우려"되고 거주지가 "슬럼화"되기 때문에 사원 건립에 반대한다고 주장했다. 해당 지자체인 대구시 북구청은 애초에 건축허가를 내주었음에도 이번에는 주민들의 의견을 받아들여 공사를 즉각 중단시키는 이중적인 행태를 보였다.[27]

구청의 처분에 맞서 건축주 측은 공사 정지 취소 소송을 제기했다. 긴 법정공방 끝에 2022년 9월 대법원은 최종적으로 건축주의 손을 들어주었다. 하지만 지금까지 갈등은 사그라들지 않고 있다. 사원에 반대하는 주민들은 계속해서 시위를 벌였다. 건축지 인근에서 이슬람교에서 금기시하는 돼지고기를 구워 먹고, 돼지머리를 전시하거나, 무슬림을 비하하는 현수막이나 팻말을 게시하는 등 노골적인 혐오 행위를 서슴지 않았다. 이에 대해 국가인권위원회를 비롯한 인권단체들은 인종차별 행태에 목소리를 높이며 주민의 혐오차별에 우려와 반대를 표명했다.

여전히 현재진행형인 대구 이슬람사원 논란을 두고 한국사회는 다양한 의견을 내놓고 있다. 비판적인 의견은 사건의 본질이 이주민 혐오와 차별에서 비롯되었음에도 기계적으로 민원을 처리한 지방자치단체의 몰이해에 집중되었다. '다문화'를 적극적으로 표방하는 정부 기관이 실제로는 이주민에게 차별적이거나 적어도 무지했음을 보여준 것이다. 이와 함께 외국인 유학생을 적극적으로 유치한 대학 당국도 사건의 중재와 해결에는 전혀 목소리를 내지 않으면서, 인력(학생) 수입에만 열을 올리고 공존은 외면하는 등 지자체와 다를 바 없이 무책임하다는 비판을 받았다.

대구 이슬람사원 사건은 예외적인 일이 아니다. 2018년 다수의 예멘 난민이 제주도에 들어왔을 때 인터넷 커뮤니티를 중심으로 이슬람인과 난민에 대한 근거 없는 혐오가 폭발했고, 2020년 코로나 유행이 시작되었을 때 중국인과 중국동포를 향한 혐오차별이 극심했던 것을 우리는 기억한다.

무지가 키우는 차별

이렇게 이주민을 향한 차별은 일상화되어가고 있지만, 우리는 정작 차별이 무엇인지, 그리고 차별이 왜 일어나는지 알지 못한다. 언론과 대학, 그리고 정부는 인종차별 사건이 일어날 때마다 우리가 아직 다른 문화에 대한 포용성이 부족하기 때문이라는 말만을 반복한다. 이 말에는 한국사회에 이주민이 유입된 역사가 짧고, 외국인과 어울려본 경험이 적으며, 무슬림 혐오나 인종주의 같은 서구 문화(이념)를 무분별하게 수용한 결과라는 설명이 늘 뒤따른다.[28] 그러나 차별을 문화, 사상, 이념, 역사 탓으로 돌리는 설명은 본질을 전혀 모르고 하는 얘기다.

차별의 원인을 문화나 이념에서 찾는 설명은 개인의 무지나 오해가 차별을 낳는다는 잘못된 가정에 기대고 있다. 이 논리를 따라가면 차별의 해결책은 개인의 무지, 오해, 편견을 교정하는 일, 즉 교육일 것이다. 하지만 교육은 차별을 실질적으로 해소하지 못했다. 미국은 반세기 넘게 인종차별에 대한 교육을 지속해왔다. 그러나 최근 연구들은 미국의 인종차별이 개선되기는커녕 끈질기게 존속하고 있음을 꼬집고 있다.[29]

인종과 차별의 본질

그래서 서구의 연구들은 일찍부터 차별을 구조적인 문제로 바라보았다. 이주민의 유입은 언제나 선주민과 갈등을 낳는다. 갈등은 사회가 가진 제한된 자원이나 기회를 놓고 벌어진다. 그렇지만 다수인 선주민과 소수인 이주민이 가진 지위와 권력은 언제나 비대칭적이다. 사회를 장악하고 있는 선주민이 이주민에 비해 우월적인 지위를 갖고 있는 건 당연하며, 반대로 이주민은 갈등에서 약자일 수밖에 없다. 그리고 지위가 높은 집단은 항상 자신의 자원과 기회를 지키기 위해 타집단의 접근을 막게 된다. 우월적 지위를 가진

하나의 집단이 자신의 기회와 자원을 지키기(혹은 빼앗기) 위해 낮은 지위의 집단을 불공정하게 대하는 행위가 바로 '차별'discrimination이다.

차별은 문화, 언어 혹은 생김새 때문에 생기지 않는다. 이러한 차이는 두려움이나 경외를 낳을 뿐이다. 우리가 남을 차별하는 건 (많은 경우 실제 이런 일이 일어나지 않지만) 우리의 이익(일자리, 돈벌이, 혹은 좋은 학교 입학 등)을 이주민으로부터 지키거나 빼앗기지 않기 위해서다.[30] 즉 차별은 선주민의 이해관계 때문에 일어난다. 차별은 의도하든 의도하지 않든 우리 자신의 이익과 항상 결부된다.[31]

선주민은 이러한 차별을 '합리화'하기 위해 흔히 게으르거나, 위험하거나, 수동적이라는 식으로 이주민 모두에게 집단적으로 부정적인 속성을 부여한다.[32] 이걸 '편견'prejudice이라고 일컫는다. 그래서 편견은 이주민 개인의 능력이나 성격과 관계가 없다. 차별과 편견은 선주민과 이주민이라는 집단 사이의 관계에서 비롯되기 때문이다. 이주민을 향한 편견은 점차 사회에 스며들면서 당연한 사실처럼 굳어진다. 그 집단은 원래 부정적인 속성을 가진 것처럼 여겨진다. 부정적 속성을 부여받은 집단은 인종race이 된다. 인종은 피부색과 같이 신체적인 특질을 가리키는 것이 아니라, 편견 어린 집단을 구별하기 위해 신체적 특질을 내세운 결과다. 그래서 인종은 자연적인 것이 아니라 편견에 의해 만들어지는 것이며, 피부색뿐 아니라 신체적 혹은 문화적으로 다양한 특징이 인종을 구별하는 징표로 사용될 수 있다.[33] 편견과 인종주의racism, 그리고 차별은 한 묶음으로 작동한다. 이주민 차별과 편견은 항상, 언제나 인종주의적이다. 인종과 편견은 종국에는 선주민이 이해관계를 굳이 떠올리지 않더라도 문화적 인식을 통해 계속해서 무의식적으로 차별하도록 만든다.

국내 인종차별의 본질

대구 이슬람사원 사건은 한국에서 인종주의와 차별이 왜, 어떻게 발생하는지 극명하게 보여주는 사례다. 10여 년간 유학생들과 전혀 갈등을 일으키지 않았던 주민들이 적대적으로 돌변한 데는 보수 개신교 등의 부추김도 한몫했지만 본질적으로는 집값 하락이나 재개발 탈락 등 자신의 이익을 침해당할지 모른다는 우려가 주된 역할을 했다. 주민들은 이슬람교나 문화에 무지하거나, 다문화 감수성이 없거나, 이슬람교를 적대시하는 서구 문화에 익숙해서가 아니라, '우리'의 이익을 '그들'이 침해한다고 생각했기 때문에 차별한 것이다.

실재이든 오해이든 상관없이, 자신의 이익을 지키기 위해 주민들은 이슬람 유학생을 비난해야 했다. 주민들은 자신의 주장을 합리화하기 위해 건축주들을 '나쁜', 그래서 우리와 종류가 다른 사람으로 만들어냈다. 학계의 주장처럼 무슬림에 대한 편견이 이 사태를 야기한다고 보는 것은 적절하지 않다. 주민들이 그동안 서구의 이슬람 혐오를 진지하게 받아들이거나 열심히 공부했다고 상상하기 어렵기 때문이다. 그들이 우리의 이익을 뺏어갈지 모른다는 인식이 이들을 위험한 자들로 포장하도록 이끌었다. 어쩌다 미디어에서 보았거나, 개신교에서 부추키는, 무슬림 혐오의 메시지가 주민들에게 무슬림 학생을 악마화하기에 좋은 재료였을 것이다. 결국 대구 이슬람사원 사건은 이해관계로부터 이주민 차별이 비롯되고 이를 정당화하기 위해 편견이 작용한다는 것을 잘 보여준다. 언론의 무슬림 혐오뉴스나 SNS가 주민을 물들였을 것이라는 언론과 학계의 주장은 무지한 추측에 불과하다.

 문화적인 오해나 무지는 차별과 직접적인 관계가 없다는 설명에 동의하지 않는 사람들도 꽤 있을 것이다. 그렇지만 이미 우리는 이해관계 때문에 오랫동안 남들을 악마화해온 경험을 가지고 있다. 전라도 출신, 지방 출신, 가난한 집안 출신에 대한 우리의 차별을 환기해보자. 사실 이들을 차별한 건 비전라도, 수도권, 중산층 출신들이 자신의 이익(취업, 대입, 결혼 등)을 지키기 위해서였다. 그리고 그 뒤에 그들은 믿을 수 없다거나, 세련되지 못하다거나, 무식하다거나 하는 수식어를 반드시 붙였다. 그래야 내 주장이 정당하게 들리기 때문이다. 사실 우리 사회는 오랫동안 유사

'인종'과 유사 '인종차별'을 만들어왔고 지금도 계속하고 있는 셈이다. 그런데 갑자기 이주민을 향해서는 우리는 인종도 없고 인종차별도 없다고 이야기한다. 그저 공존하고 포용하자고만 되뇔 뿐이다. 이런 방식으로 인종차별은 없어지지 않는다.

차별 없는 다문화 사회?

정부의 1차원적 차별 인식

정부는 일찍부터 다문화 사회의 주요 정책과제로 이주민의 사회통합을 내세우고 있다. 정부의 이민정책 기조를 규정하는 '제4차 외국인정책 기본계획'(2023-2027)에 따르면 주요 정책목표로 '이민자의 인권 가치를 존중하는 사회 실현'을 제시하고 있다.[34] 즉, 이주민이 한국사회에서 차별받지 않고 내국인과 동등한 일원으로 받아들일 수 있도록 노력하겠다는 취지다. 이러한 거창한 목표에도 불구하고 정부는 정작 통합을 가로막는 차별에 대해 학문적·정책적으로 깊은 고민을 하지 않았다. 이런 단순한 차별 이해는 결국 1차원적인 정책만을 낳았다. 그 대표적인 것이 이주민 대상 설문조사다.

다른 사안들과 마찬가지로 정부는 중요한 정책 대상에

대한 정보를 얻기 위해 이주민을 대상으로 정기적으로 설문조사를 시행하고 있다. 이 중 정부(통계청)가 공식 승인하는 대표적인 조사로 '전국다문화가족 실태조사', '다문화청소년 패널조사', '북한이탈주민 실태조사', 그리고 '이민자체류실태 및 고용조사'가 있다. 모든 이주민 대상 설문조사에는 차별을 경험했는지 묻는 항목이 들어간다. 차별 경험 조사는 우리 사회에서 얼마나 차별이 만연해 있는지를 알아냄으로써 차별을 줄이고 나아가 이들이 사회 일원으로 받아들여질 수 있도록 정책을 마련하는 데 목적이 있다. 그래서 이주민 대상 설문조사에서 차별 경험 조사는 매우 중요하다. 게다가 정부가 승인하는 설문조사는 국가 정책수립의 기초 자료로 쓰일 뿐 아니라 각종 학술연구에서도 자료로 쓰이기 때문에 대표성과 객관성을 충분히 갖추어야 한다.

정부가 시행하는 이주민 대상 설문조사의 차별 질문은 정부의 시각을 반영하게 마련이다. 그리고 조사에는 다양한 연구기관과 대학의 연구자들이 참여하기 때문에 학계의 전문적인 견해도 반영된다. 그런데 국가승인조사의 차별 질문은 차별을 이주민 개인의 문제인 것으로 묘사한다. 차별은 내국인의 문제인데도 말이다. 대표적인 예는 2020년 '이민자체류실태 및 고용조사'의 조사 문항이다. 문항은 "지난 1년 동안 외국인 또는 외국 출신이라는 이유로 차별 대우를 받은 적이 있습니까?"라고 물으며 시작한다. 차별

경험을 묻는 일반적인 질문이다. 하지만 이후 질문에서 조사는 설문에 참여한 이주민의 다른 특징 때문에 차별받은 게 아니냐며 다시 질문한다.

차별을 받은 가장 주된 이유는 무엇이라고 생각합니까?
1) 출신 국가 2) 외모 3) 직업 4) 한국어 능력 5) 경제력
6) 종교 7)기타[35]

서구의 설문조사에서는 찾아볼 수 없는 질문 방식이다. 이 방식의 문제점은 차별의 원인을 이주민이기 때문이 아니라 외모나 경제력과 같은 개인의 탓으로 돌리기 때문이다. 북한이탈주민 실태조사 역시 조사대상자의 "능력 부족"이나 "소통방식", 혹은 "소득수준" 때문에 차별받은 게 아니냐고 재차 질문한다.[36] 즉 국가승인 설문조사에서 차별 질문은 차별이 이주민 개인의 결함이나 부족함 때문에 발생한 것이 아닌지를 묻고 있다. 이는 당연하게도 정부와 학계의 이주민 차별 현상에 대한 무지를 보여준다.

귀하가 생각하기에 어떤 이유로 차별이나 무시를 당했다고 생각합니까?
① 전문적 지식과 기술 등에 있어 남한 사람에 비해 능력이 부족하다고 생각되어서
② 말투, 생활방식, 태도 등 문화적 소통방식이 다르다는 점에서

③ 남한 사회에서 경제적 소득수준이 낮은 계층이라서

④ 북한의 호전적인 도발(예: 미사일, 핵실험, 군사교전 등)의 영향
으로

⑤ 언론에서 북한 체제와 북한이탈주민들에 대한 부정적 보도
의 영향으로

⑥ 남한사람이 북한이탈주민의 존재에 대한 부정적 인식(세금부
담 증가 등)을 가지고 있어서

⑦ 기타(　　　　　　　　　　　　)[37]

　이뿐만이 아니다. 대부분의 국가승인 설문조사는 차별
을 당했을 때 어떻게 행동했는지를 묻고 있다. 외국의 경우
이 항목의 선택지 대부분은 차별 경험이 얼마나 당사자에
게 충격적이었는지를 조사하는 데 할애한다. 예를 들면 그
저 참았는지, 내 탓이라고 여겼는지, 혹은 술·담배 등을 했
는지를 묻는다. 이와는 반대로 국내조사는 차별한 사람에
게 '따졌는지'에 대부분의 선택 문항을 할애한다. 2020년
이민자체류실태 및 고용조사는 "차별을 시정하라고 요구
한 적이 있습니까"라는 단 하나만을 묻고 있고, 다른 조사
는 '인터넷 게시'나 '기관 신고' 같은 간접적인 저항도 묻
고 있다. 이러한 질문 방식은 차별을 따지지 않은 이주민에
게도 잘못이 있다는 인상을 심어주기에 충분하다. 그리고
차별을 당한 사람의 충격과 트라우마는 중요하지 않다는
의미를 내포하기도 한다. 이 역시 외국의 설문조사에서 찾

아보기 어려운 방식이다.

사소하고 개인적인 차별

이런 식으로 차별을 다루는 국가공식 설문조사는 문제가
많을 수밖에 없다. 차별은 구조적인 문제임에도 개인의 탓
으로 돌리기 때문이다. 정부 설문조사의 경향은 내국인 대
상 설문조사에도 적용된다. 대표적인 것이 '국민 다문화수
용성[38] 조사'이다. 이 조사는 말 그대로 타문화와 타민족에
대한 내국인의 태도를 측정하는 설문조사다. 정부는 "이민
자에 대한 한국인의 지배적 태도"를 변화시키기 위한 정책
수립에 목적을 두고 이 조사를 시행한다.[39] 그렇지만 이 조
사는 차별과 같은 갈등의 원인을 성향, 성격, 태도, 혹은 의
견과 같은 선주민 개인의 문제로 치부한다. 이주민을 향
한 차별이 발생하고 이주민들이 불이익을 당하는 것은 우
리 개개인의 문제라는 뜻이다. 하지만 앞서 이야기했듯이,
차별은 개개인의 성향, 성격, 태도, 의견과 별다른 관련이
없다. 게다가 다문화수용성은 외국에 존재하지 않는 용어
다.[40] 차별을 내국인 개인의 탓으로 돌리는 건 이민정책과
같은 정부의 책임을 방기하는 일에 지나지 않는다. 이보다
중요한 문제는 잘못된 조사를 통해 만들어진 정책은 결국
문제 해결에 도움이 되지 않을 것이라는 사실이다.

설문조사는 지엽적인 문제에 불과하다고 여기는 사람들도 있을 것이다. 그렇지만 정부의 통계는 정부 정책, 학술 연구, 언론 보도에 널리 사용되는 매우 중요한 기초 정보이다. 정부의 중요한 통계가 이처럼 잘못된 가정 위에서 생산된다면 그로 인해 법령은 물론, 학계와 언론도 잘못된 가정을 퍼뜨릴 수밖에 없다.

이상한 다문화전문가 양성

정부와 대학이 이주민 차별 현상을 사소하고 개인적인 문제로 간주하는 또 다른 사례는 대학에 설치된 다문화전문가 학위 과정이다. 법무부 출입국·외국인정책본부는 이주민을 대상으로 시행하는 사회통합 프로그램의 강사 양성을 목적으로 2008년 '다문화사회전문가' 인정 기준을 마련하고 양성 과정 설치의 법적 근거를 마련했다. 이에 따라 현재까지 53개 대학의 74개 학위 과정에서 다문화전문가 학위 과정이 개설되었다.[41] 다문화전문가 학위 과정은 대학에서 이주전문가를 양성하는 대표적인 프로그램으로 자리 잡았다.

하지만 다문화전문가 학위 과정은 대학에서 다민족 사회 연구와 교육을 가장 왜곡하는 프로그램이 되었다. 첫째, 앞에서 다루었듯이 '다문화'는 한국의 사회현실은 물론 정부 정책과도 아무런 관련이 없다. 한국의 현실과 동떨어진 주제(전공)로 대학에 학위 과정이 마련된 것은 아이러니라고 할 수밖에 없다.

둘째, 다문화사회전문가는 외국 대학에서도 찾아보기 어려운 프로그램이다.[42] 다문화 사회라는 개념은 다민족·다인종으로 구성된 사회의 정책적 혹은 이념적 지향 중 하나에 불과하다. 다문화는 다민족 사회를 다루는 과정으로 적절하지 않으며 외국의 경우 교육이나 정책에 국한된 과정이 일반적이다.[43] 다른 나라에서 다민족 사회라는 현상을 다루는 분야는 인종·종족 다양성racial & ethnic diversity, 인종과 종족race & ethnicity, 혹은 종족 연구ethnic study 등이다. 이들 분야는 이민자 유입 등으로 인한 인종, 국적, 민족이 다른 소수집단의 존재가 사회 전반에 미치는 영향을 다루는 것이 목적이다. 따라서 사회 갈등을 다루는 것은 당연하다. 인종 문제, 불평등, 국가 폭력, 식민주의 등의 과목이 함께 개설된다.[44] 대조적으로 국내 다문화전문가 과정은 사회 갈등을 전혀 다루지 않는다. 다문화전문가 학위 과정 중 일반 계열 관련 과목을 살펴보자.

이수 요구 과목 대부분은 이민 관련 법제, 다문화 교육, 다문화 현장 실습과 관련되어 있다. 특히 한국의 '다문화 사회' 관련 과목은 '한국사회 다문화현상 이해', '지역사회와 사회통합', '국제이주와 사회통합', '국제이주와 젠더', '아시아사회의 이해' 등이 있다. 인종 문제나 차별, 불평등

구분	과목명
전공필수 과목	이민정책론, 이민법제론
전공선택 과목	다문화사회 교수방법론, 한국사회 다문화현상 이해, 국제이주와 노동정책, 지역사회와 사회통합, 국경관리와 체류의 이해, 난민법의 이해, 국적법의 이해, 이민·다문화 현장실습, 이민·다문화가족 복지론
일반선택 과목	다문화가족의 상담과 실제, 노동법, 국제이주와 젠더, 아시아사회의 이해, 해외동포사회 이해, 다문화사회 교육론, 국제인권법, 국제이주와 사회통합, 석·박사논문연구, 이주노동자 상담과 실제, 다문화교육현장 사례연구

〈표 1-1〉 다문화전문가 학위과정 일반계열 과목[45]

과 같은 사회 갈등을 하나의 독립된 과목으로 다루지 않았다. 물론 '다문화현상'이나 '사회통합' 과정의 일부로서 차별을 다룰 수는 있다. 그러나 일반 교양 교육이 아닌 다문화 '전문가'를 양성하는 과정에서 차별과 불평등을 주요 주제로 다루지 않는 것은 큰 문제가 있다. 국가인권위원회가 시행한 이주민 대상 조사에서 응답자의 약 70퍼센트가 한국에 인종차별이 존재한다고 응답했다.[46] 정부는 차치하더라도 대학은 전문가를 양성할 때 이 문제를 주요한 사회문제로 인식하고 연구해야 할 의무가 있다. 다문화전문가 과정이 기형적으로 구성된 것은 정부의 도구적 인력 양성 목적과 대학의 몰이해에 기인한 것이다.

이주민 관련 국가승인 설문조사와 다문화전문가 학위

과정의 사례는 정부가 이주민 차별을 사소하고 개인적인 문제로 인식하고 있음을 잘 드러낸다. 이런 정부의 인식은 대학의 교육 과정에 반영되어 지식의 편향을 초래하고 있다.[47] 이는 장기적으로 다민족 사회의 갈등을 대처하는 데 큰 장애물이 될 수 있다.

아인슈타인은 오지 않는다

실패한 '우수 인력' 유치

2023년 11월 27일 한신대학교는 자대 어학당에서 수학 중이던 우즈베키스탄 유학생 22명을 강제로 출국시켰다.[48] 외국 유학생 사증발급 체류관리지침에 따르면, 외국인 어학연수생(유학생)은 재정 능력을 입증하기 위해 금융기관에 일정 금액 이상의 잔고를 일정 기간(3개월 이상) 유지해야 한다. 한신대는 유학생이 이 규정을 위반했기 때문에 부득이하게 출국조치 했다고 주장했다. 대학은 애초에 잔고 유지 기간을 1일로 잘못 고지한 법무부에 책임이 있다면서 대학 측은 잘못이 없다고 항변했다. 그렇지만 유학생 측은 대학이 사전 안내도 없이 거짓말과 물리력을 동원해 자신들을 추방했고, 이는 명백한 위법이라고 주장했다.

　한신대학교가 이렇게까지 무리하게 유학생을 추방한

배경에 전문인력 이민정책의 허구성과 실패가 있다. 유학생 유치는 '우수 인재'를 유인하기 위한 대표적인 정책으로 꼽힌다. 2000년대 초부터 정부는 학령인구 감소에 대응하고, 대학의 국제경쟁력 제고, 산업경쟁력 강화 등의 목적으로 적극적인 유학생 유치 정책을 내놓기 시작했다.[49] 그리고 외국인 전문인력의 이민을 촉진하기 위한 수단으로 정부는 유학생 확대를 적극 추진했다. 제4차 외국인정책 기본계획(2023-2027)에 의하면 유학생 유치는 '우리 경제에 필요한 이민자 유치와 육성'의 중점과제를 달성하기 위한 주요 추진과제 중 하나다. 2000년 이후 꾸준히 증가한 유학생 수는 2023년 약 23만 명에 이르고 있다.[50] 더 나아가 윤석열 정부는 2023년 발표에서 2027년까지 유학생 30만 명을 유치하겠다고 밝혔다.[51]

정부가 이렇게 유학생 유치에 열을 올리고 있지만 정작 이들은 졸업 후 대부분 한국을 떠난다. 유학생 유치를 통한 '우수 인력' 이민자 유입정책은 유명무실하다. 국내 유학생의 졸업 후 경로를 추적한 통계는 없다. 다만 교육부에 따르면 2022년 유학생 졸업자 2만 7,321명 가운데 국내에서 취업한 이는 8.2퍼센트에 불과했다.[52] 이들이 취업 후 얼마나 장기 거주를 하는지 얼마나 영주와 귀화로 이어지는지 정부는 조사조차 하지 않았다. 그렇지만 전문인력 이주민의 전체 현황을 고려한다면, 이들 가운데 실제 영주와 귀화로 이어지는 사례는 매우 적을 것으로 추정된다.

약 7만 명. 국내 전문인력 이주노동자의 수다. 2023년 국내 체류 이주민 가운데 약 3퍼센트에 불과하다. 내국인과 혈연관계를 맺은 이주민을 제외하고 정부가 추진하는 이민의 대상이 이들이다. 그러나 전체 장기체류 이주민 가운데 전문인력의 비율은 2000년대 중반 이후 지난 20여 년간 증가는커녕 4~5퍼센트 선을 유지하고 있다.[53] 우수 인력을 유치하겠다는 정부의 이민정책은 실패한 셈이다.

전문인력 이주노동자의 구성을 살펴보면 보다 명확하다. 전문인력은 체류자격(비자)에 따라 구분된다. 그 가운데 단기비자인 단기취업(C-4)를 제외하고 교수(E-1), 회화지도(E-2), 연구(E-3), 기술지도(E-4), 전문직업(E-5), 예술흥행(E-6), 특정활동(E-7) 비자가 전문인력에 해당한다. 이 가운데 실제로는 서비스 분야에 속하는 회화지도가 약 30퍼센트가량을 차지하며 예술흥행도 8퍼센트에 이른다. 그리고 전문인력 비자 가운데 가장 큰 비중을 차지하는 특정 활동의 경우도 준전문(사무, 서비스, 판매 등), 일반기능직, 숙련기능직 등 전문인력으로 구분하기 어려운 직종이 상당수(2023년의 경우 약 4분의 3)를 차지한다.[54] 따라서 실제 전문인력에 해당하는 이주노동자는 7만 명의 절반에도 미치지 못할 것으로 추정할 수 있다.

	2019년	2020년	2021년	2022년	2023년
교수(E-1)	2,187	2,053	2,017	2,012	1,897
회화지도(E-2)	13,910	12,621	13,403	14,251	14,005
연구(E-3)	3,132	3,110	3,638	4,009	3,916
예술흥행(E-6)	3,549	3,011	3,285	3,989	4,711
특정활동(E-7)	21,314	19,534	20,675	24,083	44,993
합계(명)	44,092	40,329	43,018	48,344	69,522

〈표 1-2〉 전문인력 이주노동자 체류현황(소수인 E-4와 E-5는 제외)

돈벌이로 전락한 유학생 유치

전문인력 이주노동자 직접 유치도, 유학생 유치를 통한 간접 유치도 모두 실효성이 없었다. 그렇다면 정부는 왜 계속 유학생의 수를 늘리는 것일까? 하나의 설명은 유학생이 대학의 돈벌이로 이용되어왔다는 점이다. 한신대 사태로 돌아가 보면, 대학이 일부 유학생을 강제로 추방한 이유는 학교 내 유학생 불법체류율을 낮추기 위해서였다.[55] 교육부는 각 대학의 유학생 관리의 질을 높이기 위해 '교육 국제화 역량 인증제'를 실시하고 있다. 이에 따라 일정 요건을 충족하는 대학은 '교육 국제화 역량 인증대학'이 되어 학생 비자 발급이 간소화된다. 요건을 충족하지 못하는 대학은 유학생 비자 발급이 제한되는 등 불이익을 받는다. 이 요건 가운데 중요한 사항이 낮은 불법체류율이다. 즉 재학하고 있거나 했던 유학생 가운데 불법체류하여 출국하지 않은 비율이 낮아야 한다.[56]

　　한신대를 비롯한 대학들이 인증제에 목을 메는 이유는 간단하다. 정원 외로 유학생을 유치할 수 있고 유학생 등록 금은 정부의 통제를 받지 않기 때문이다.[57] 한마디로 돈벌이가 되기 때문이다. 그러나 교육의 질은 제쳐두더라도 졸업 후 국내에 취업이 되지 않는 상황에서 유학생의 규모만 증가시키는 정부의 정책은 납득하기 어렵다. 손쉽게 대학 재정과 학생을 메꿔주는 용도로 활용할 뿐, 유학생의 정착에는 손을 놓고 있는 유학생 유치 정책을 과연 '이민'정책의 일환으로 볼 수 있는지 의문이다.

　　정부가 2022년부터 시범사업으로 시행하고 있는 지역특화형 비자 사업은 유학생을 전문인력이 아닌 단순인력으로 활용하고 있는 대표적인 예라고 할 수 있다. 사업은 인구 감소 지역에 정착시킬 목적으로 이주민(재외동포, 유학생 등 '지역우수외국인')에게 일정 기간 거주 및 취업과 창업을 조건으로 5년의 거주비자(F-2)와 가족동반 자격을 제공한다.[58] 그러나 이 사업은 수도권 인구집중을 야기하는 구조적 문제는 등한시하고, 장기체류를 미끼로 이동의 자유를 제한하면서 유학생을 인력으로 활용하려는 목적이다.

　　유학생 이민정책은 비전문인력 이민정책과 닮아 있다.

실질적 이민은 도외시한 채 인력의 단기적 활용에 천착하고 있다는 점에서, 두 정책의 내용은 비슷하다. 유학생 유치는 실패한 전문인력 정책을 상징하는 동시에 인력정책으로 기능하는 전문인력 이민정책의 기만성을 잘 보여준다.

너희는 그래도 된다

헌법에 합치되는 차별

2020년 12월 20일 캄보디아에서 온 이주노동자 속헹은 영하 18도의 날씨에 경기도 포천의 한 농장 비닐하우스 숙소에서 숨진 채 발견되었다. 그는 제대로 된 거주시설이 아닌 비닐하우스를 개조한 임시 거주시설에서 난방장치마저 고장난 채로 숙식을 해결해야 했다.[59] 결국 귀국을 한 달여 남기고 그는 타지의 혹한 속에서 생을 마감했다. 시민사회단체는 즉각 이주노동자 도입 정책인 고용허가제의 폐기를 주장했다. 현행 고용허가제는 이주노동자의 사업장 이동을 극도로 제한하고 있기 때문에 이들은 열악한 숙소나 사업주의 차별, 폭행, 혹은 성추행에 대항할 수 없다고 주장한다.[60]

2021년 12월 23일 헌법재판소는 단순기능직 이주노동자의 일터 변경을 제한하는 고용허가제가 헌법에 어긋나지 않는다는 판단을 내렸다.[61] 10년 전 같은 취지의 판단을 내린 이후 이번이 두 번째다. 헌재는 사업장 변경 제한이 내국인의 일자리 보호를 위해 필요하며 안정적으로 기업에 노동력을 제공하고 이들을 효율적으로 관리하기 위해 유지되어야 한다고 밝혔다. 반면 이주민 단체들은 헌법재판소가 이주민의 노동권을 부정하고 사실상 강제노동을 허가한 것이라며 강력하게 반발했다.

정부가 외국인 노동자 도입을 규정하는 이민법은 전문인력과 비전문인력을 구분하고, 전문인력만을 차별적으로 수용하는 원칙을 고수한다. 전문인력은 정착과 직업 선택에서 비교적 자유를 누리지만, 단순기능인력은 내국인 노동시장 보호라는 미명하에 내국인이 부족한 업종에 한해서만 취업이 허용되고 정착은 불허된다. 비전문인력의 고용을 규정하는 이민법이 고용허가제다.

정부는 고용허가제가 기존 외국인 산업연수제도의 폐해를 개선하기 위해 도입된 진일보한 이민법이라고 자처해왔다. 1995년 시행된 외국인 산업연수제는 한국기업에서 '연수'를 시켜주겠다는 명목으로 외국인을 고용할 수 있도록 제도화한 법이다. 이 법은 실제로 노동자로서 법적 지위를 부여하지 않고 합법적인 방식으로 외국인을 저임금으로 착취하는 제도였다.[62] 이 법으로 인해 '연수생' 이주노동자의 인권침해가 극심해지고, 송출국에서는 연수생 송출을 둘러싼 비리가 만연했다. 무엇보다 국내 사업장에서 연수생의 착취와 차별이 심해지면서 사업장을 이탈해 '불법체류'를 선택하는 연수생이 늘어갔다. 결국 2003년 국내 이주노동자 가운데 미등록 비율이 약 79퍼센트에 이르렀다.[63] 이 같은 차별적인 산업연수제도를 보완하고 공식적으로 저숙련 이주노동자의 도입을 규정하는 제도로 고용허가제가 고안되어 시행되었다.

착취를 제도화한 고용허가제

고용허가제는 2004년부터 시행된 '외국인근로자 고용 등에 관한 법률'에 따라 단순기능인력의 도입과 관리를 규정하는 제도다. 고용허가제는 구직자가 일터를 구하도록 하는 것이 아니라, 사업자에게 외국인의 고용을 허가해주는 방식을 취한다. 이는 외국인이 내국인과 노동시장에서 자유로이 경쟁하는 것을 차단하고 기업에 효율적으로 인력을 공급하기 위한 목적이라고 정부는 설명한다. 고용허가제의 사업장 변경 금지 원칙은 고용허가제의 목적을 달성하기 위한 핵심 조항이다. 이에 따르면 노동자는 사업주의 동의 없이 사업장 이동이 원칙적으로 불가능하고, 동의 없이 변경하기 위해서는 노동자가 정당한 사유가 있음을 입증해야 한다. 그러나 사업주에게 전적으로 종속된 이주노동자가 부당한 대우를 받았음을 증명하기는 매우 어렵다.

고용허가제의 사업장 변경 제한 규정은 내국인의 일자리 보호를 위해 반드시 필요할까? 외국인 인력을 배치할 직종과 인력의 규모는 매년 정부의 외국인력정책위원회에서 국내 경제 상황을 다각도에서 검토하여 정해진다. 이주노동자가 일할 업종과 그 수는 정부에 의해 엄격히 통제된다. 따라서 이주노동자가 사업장을 자유로이 옮겨 다닌다고 해서 내국인의 일자리를 침해할 우려는 거의 없다. 이는 비전문인력 정책의 또 다른 축인 방문취업제에서 증명된다. 비전문인력 재외동포의 이주를 규정하는 방문취업제도는 취업할 수 있는 업종을 36개 단순노무직종으로 제한하고 있지만, 사업장 변경을 제한하는 규정은 없다. 이 제도가 시행된 지 15년이 넘었지만 아직까지 방문취업제로 인해 내국인의 일자리가 침해받았다는 평가는 없다.[64]

고용허가제는 효율적인 고용관리를 위한 것인가? 오히려 고용허가제가 미등록자를 양산한다는 주장이 설득력이 있다. 일부 사업주가 사업장 변경 제한 조항을 악용하여 저임금, 차별, 폭언, 폭행, 심지어 성추행을 일삼는다는 사실은 이미 언론을 통해 잘 알려져 있다. 이 같은 부당대우를 당했을 때 이주노동자가 귀국 대신 선택할 수 있는 유일한 방법은 '불법체류'뿐이다. 2019년 한 해 비전문취업 노동자의 작업장 이탈 비율이 방문취업 노동자의 7배에 달한다는 통계는 고용허가제가 고용관리에 실패했음을 보여준다.[65] 이미 국내에는 약 40만 명의 미등록 외국인이 거주하고 있다.

그보다 중요한 것은, 고용허가제가 이주노동자에 대한 차별과 착취를 조장하고 있다는 사실이다. 내국인이 취업을 꺼리는 단순기능업종은 임금이 낮고, 장시간 노동을 요구하며, 나아가 위험하고 유해환경에 노출되어 있는 일터인 경우가 많다. 하지만 노동자는 열악한 노동조건과 유해환경을 피해 일터를 옮길 수 없다. 반면 사업주는 노동자와 작업장 안전에 대한 투자 없이도 이주노동자를 저임금으로 운용할 수 있다. 그 결과는 이주노동자의 높은 사고 재해율로 이어진다. 실제로 2020년 산업재해 통계에 의하면 이주노동자의 사고 재해율은 0.87퍼센트로 전체 취업자의 0.34퍼센트와 비교해 두 배 이상 높았다.[66] 고용허가제는 이주노동자 착취의 버팀목인 셈이다.

계속되는 착취의 강화

고용허가제의 사업장 변경 제한 조항으로 상징되는 국내 이주노동인력 정책은 전반적인 재고가 필요하다. 우리의 이민정책은 내국인을 대신하여 저개발 국가의 국민을 저임금의 위험한 일자리에 갖다 쓰고 돌려보내며, 선진국의 전문인력만을 수용하겠다는 차별적인 기조 위에 마련되었다.

하지만 정작 선진국의 전문인력은 거의 오지 않았고, 저개발국 출신의 수많은 이주노동자들이 위험과 차별을 감내하며 우리의 경제를 지탱해왔다.

그런데도 정부는 반인권적인 고용허가제의 골격을 고수하면서 더욱 착취적인 제도를 내세우고 있다. 윤석열 정부는 저출산의 대책으로 이민 확대를 추진하면서 비전문 외국인력의 통제를 강화하는 정책을 내놓고 있다. 대표적인 것이 2023년 7월 외국인력정책위원회가 의결한 사업장 변경 제도 개선이다. 이에 따르면 앞으로 이주노동자가 사업장을 변경할 경우 지역을 변경하지 못한다.[67] 사업장 변경의 자유도 제한한 마당에 지역마저 제한하는 더욱 착취적인 방향으로 나아가겠다는 것이다.

또한 정부는 같은 해 단기체류 이주노동자의 장기체류 기회를 확대하겠다고 발표했다.[68] 연간 최대 2,000명까지 발급하던 숙련기능인력(E-7-4) 체류자격을 3만 5,000명으로 확대한다는 내용이 골자다. 이 제도로 숙련된 단기체류 이주노동자의 장기체류, 나아가 정착을 유도하겠다는 취지다. 겉보기에는 진일보한 방안으로 보이지만, 신청 자격으로 1년 이상 근무 중인 사업체의 추천이 요구되며, 체류자격 부여 이후에 2년간 작업장 이동이 금지된다. 즉 3년간 사업장 변경이 금지된다. 겉으로는 장기체류를 허가하는 것으로 보이지만 사실은 이를 미끼로 착취를 강화하는 셈이다.[69] 고용허가제는 지금도 후퇴하고 있다.

우리 대신 우리를 돌보는 이주민

이주민에게 떠넘긴 돌봄

2020년부터 3년여간 지속한 코로나19 대유행은 노년층에게 특히 치명적이었다. 무엇보다 전국의 요양병원과 요양원이 코로나 방역 전쟁의 최전선이 되었다. 하지만 정작 요양기관의 노인을 돌보는 간병인의 다수는 내국인이 아니다. 중국동포, 그 가운데에서도 주로 여성들이 코로나 대유행 속에서 취약한 노인을 돌보았다. 그렇지만 이들은 대유행 초기 바이러스 전파자로서 언론과 대중의 비난을 들어야 했다. 우리는 이주민이 우리의 돌봄을 책임지고 있다는 사실은 눈을 감고 있다.

지금 한국은 돌봄의 위기다. 노인 인구의 비중은 가파르게 치솟고 있다. 이들을 돌볼 사람이 없다. 노인뿐인가. 집에서 아이들을 키울 사람이 없어졌다. 예전에는 여성 배우자, 며느리, 혹은 여성 자녀가 부모와 아이의 돌봄을 떠 맡았다. 하지만 이제 여성들은 남성들과 함께 돈을 벌기 위 해 집 밖으로 나간다. 그럼에도 남성들의 가사분담 참여는 여전히 저조하고 정부의 복지 정책은 거북이걸음이다. 게 다가 병원의 간호 인력은 부족해서 환자의 간병은 계속해 서 가족의 책임으로 남아 있다. 누군가 우리를 돌볼 사람이 필요했고 이주민이 때로는 노동자로서, 때로는 우리의 가 족으로서 그 자리를 채우기 시작했다. 그리고 복지 확충에 소홀했던 정부가 이를 부추겼다.

비정규 돌봄노동자인 중국동포

드라마에서 '조선족' 설정의 간병인과 가사도우미가 등장 하는 것이 전혀 낯설지 않을 정도로 중국동포는 이미 우리 가정의 아동과 노인 돌봄은 물론 가사일 전반을 떠맡고 있 다. 이는 정부가 돌봄 일의 특성상 내국인과 긴밀한 소통이 필요한 점을 고려하여 재외동포에게만 가사·간병일의 종 사를 허용했기 때문이다. 국내 재외동포 중 절대다수이고 한국어에 능숙한 중국동포가 이 역할을 차지하게 된 것은 당연한 일이었다. 이들은 요양병원, 요양원, 혹은 가정에서 간병인 혹은 요양보호사라는 이름으로 노인을 돌보고, 종 합병원에서 간병인으로 환자들의 뒤치다꺼리를 하며, 우리의 옆집에서 가사도우미나 육아도우미로 살림살이를 돕거나 아이들을 키우고 있다. 그렇지만 놀랍게도 정부는 현재까지 중국동포 돌봄노동자의 규모와 실태를 조사하지 않았다. 우리는 몇 명의 중국동포가 돌봄노동을 하고 있는지 전혀 모른다. 최근의 한 연구에 따르면, 2020년 현재 요양병원에서 일하는 간병인의 절반인 약 1만 6,000명이 이주민인 것으로 파악되었다.[70] 하지만 종합병원의 간병인이나 가정의 가사도우미나 육아도우미같이 개인적으로 고용되는 인력 가운데 이주민이 어느 정도 비율인지는 전혀 알려진 바가 없다. 다만 몇몇 언론보도에 따르면 종합병원 간병인의 60퍼센트,[71] 가사·육아도우미의 20퍼센트[72]가 이주민일 것으로 추정한다. 그리고 그 대부분은 여성 중국동포로 생각된다. 이제 중국동포 없이는 종합병원과 요양병원의 간병인, 그리고 가사·육아 도우미를 상상할 수 없다.

중국동포가 우리의 일자리를 뺏고 있다고 비난할 수도 있다. 그렇지만 이들은 근로기준법의 적용을 받는 요양보호사나 보육교사가 아닌, 대부분 법의 보호를 충분히 받지 못하는 간병인, 가사도우미, 육아도우미로 일하고 있다. 근로기준법의 사각지대에서 중국동포 돌봄노동자는 내국인보다 낮은 임금을 받고, 흔히 24시간 대기를 하며, 식사 및 휴식 시간도 보장받지 못하고, 정기휴일도 없이 일을 한다. 게다가 24시간 내내 환자 혹은 집주인과 함께하는 경우가 많기 때문에 과중한 노동에 시달리고, 성희롱이나 폭언, 폭행에 무방비로 노출되어 있다.[73] 노동법과 복지제도가 보호하지 못하지만 여전히 돌봄이 필요한 곳에서 중국동포는 한국인을 대신하여 저임금의 고된 노동을 감수하면서 일하는 것이다.

돌봄노동자일 뿐인 결혼이민자

이주민은 노동자로서 돌봄의 공백을 메꾸는 것에 그치지 않는다. 이주민은 가족의 일원으로 돌봄의 역할을 대신한다. 내국인과 외국인의 결혼으로 이루어진 다문화 가정의 대부분은 외국인 배우자가 여성이다. 이들은 한국 가정에서 여성으로서 출산과 자녀 양육, 그리고 부모 부양의 의무를 떠맡는다. 다문화 가정은 높은 비율로 도시와 농촌의 저소득층이다.[74] 복지의 손길이 닿기 어려운 이들 가정에서 이주민 배우자는 우리 대신 자녀 양육과 부모 부양을 책임지고 있다.

우리는 다문화 가정을 소득이 낮거나, 농업에 종사하거나, 나이가 많은 남성들이 내국인 배우자를 찾지 못해 발생한 결과라고 단순하게 생각한다. 그렇지만 저소득층 혹은 취약계층의 남성이 결혼에 집착하는 이유 중 하나는 부모, 자녀, 혹은 자신을 돌보아줄 사람이 없기 때문이다. 정부는 가족의 돌봄 책임을 가족 성원들에게 지워왔고 국가의 책임은 회피해왔다.[75] 이 때문에 취약계층 남성은 가족의 돌봄이 필요할 때 정부의 복지에 기댈 수 없고, 외국의 이주민을 결혼이라는 이름으로 고용할 수밖에 없었던 측면이 존재한다. 정부는 이주민으로 '값싸게' 복지 문제를 해결한 셈이다.[76]

다문화 가정에 대한 몇몇 조사에서 외국인 배우자를 선택한 이유로 '배우자가 순종적이고 부모를 잘 모실 것 같아서'라고 응답한 한국인 배우자가 약 40퍼센트에 달했다.[77] 이는 한국인 배우자가 결혼이주여성에 갖는 기대가 단순히 결혼을 넘어서 가족 구성원의 돌봄을 담당하는 데 있음을 잘 보여준다. 많은 결혼이주여성은 주로 동남아시아 출신이다. 동남아시아 여성에 대한 선호에는 자녀 양육과 부모 봉양이라는 전통적인 여성의 역할에 충실할 것이라는 우리의 기대가 반영되어 있다.

미디어 역시 결혼이주여성의 돌봄 책임을 끊임없이 확산하고 있다. EBS의 〈다문화 고부열전〉은 다문화 가정에서 동거하는 시부모와 며느리의 갈등과 화해를 다뤘다. 하지만 이 프로그램은 시부모와 동거하는 다문화 가족만을 보여주면서 결혼이주여성의 가족 돌봄 의무를 당연시한다.[78] 우리의 경우 시부모를 모셔야 한다는 관념은 점차 희박해지고 있지만, 유독 결혼이주여성에게 이를 강요하는 태도는 이주여성을 가정 내 돌봄 '노동자'로 간주하는 것에 지나지 않는다. 실제로 다문화 가족이 시부모와 동거하는

비율은 내국인의 약 두 배에 달한다는 통계도 있다.[79]

다른 어느 국가보다 빠른 한국의 고령화와 여성의 사회 진출 증가는 돌봄의 문제를 단순히 가정 내 문제가 아닌 전 사회적인 문제로 바꾸어놓았다. 정부의 복지제도는 돌봄을 가족의 책임으로 방치한 채 결혼이주민과 재외동포로 메꾸어놓은 셈인데, 지금의 상황은 결코 지속가능하지 않다. 돌봄 문제를 근본적으로 해결하는 것이 아니라 이주민을 착취하는 방향으로 흐르고 있기 때문이다.

너희에게 인권 따윈 필요 없다

외국인보호소라는 감옥

2021년 9월 28일 한 언론매체는 화성외국인보호소에 수용된 한 이주민을 비인간적으로 처벌한 CCTV 영상을 공개했다.[80] 난민 신청을 위해 한국에 입국했다가 강제퇴거 명령을 받은 것으로 알려진 모로코인은 두 팔과 두 다리가 포승줄로 등 뒤에 묶여 있었다. 머리는 헬멧이 씌워진 채 테이프로 감겨 있었다. 그는 괴로운 듯 이리저리 움직이려 했지만 이내 엎드린 채로 실신한 듯 보였다. 그가 가혹행위를 당한 방은 특별계호실이라 불리는, 변기 하나에 겨우 누울 공간이 있는 2.6평의 독방이었다. 그는 여기에서 4시간 24분 동안 결박당한 채 방치되었다. 명백한 고문이었다.

외국인보호소의 인권침해는 어제오늘의 일은 아니다. 2007년 여수 외국인보호소의 화재로 미등록 이주민 10명이 죽고 17명이 다쳤다.[81] 이 사건으로 외국인보호소의 존재와 내부의 열악한 현실이 비로소 대중에게 알려지기 시작했다. 2019년에는 수용자 한 명이 제때 치료를 받지 못하고 급성 신부전증으로 사망했다.[82] 2022년에는 외국인보호소에 수용되었다 사망한 태국 출신 이주노동자가 사망 당일 독방에 수용되어 '뒷수갑'과 '머리 보호 장비'가 채워졌다는 의혹이 제기되기도 했다.[83]

왜 외국인보호소의 이주민에 대한 인권침해가 반복되는 것일까? 이주민 인권단체들은 수년간 법률 개정과 재발 방지를 촉구해왔지만, 정부의 대응은 느렸고 시민들의 반응은 늘 시큰둥했다. 그 배경에는 체류 기간을 넘긴 이주민을 범죄자로 간주하는 정부와 이에 암묵적으로 동조하는 우리가 있다.

잠재적 범죄자인 이주민

정부는 체류 기간이 지나거나 강제퇴거 조치된 이주민을 불법체류 외국인으로 명명하고 강제 단속 및 추방만을 주된 대책으로 시행해왔다. 사실상 범죄자 취급을 해온 것이다. 그러나 국제기구와 인권단체들은 체류 기간이 지난 이주민을 불법illegal 체류자로 정의해서는 안 된다고 주장한다. 이들은 형사상 범죄를 저지른 것이 아니라 행정 규칙을 위반한 것이기 때문이다. 처벌 대상은 아닌 것이다. 대신 국제기구는 이들을 체류에 필요한 법적 요건을 충분히 갖추지 않은 미등록undocumented 혹은 비정규irregular 이주민으로 불러야 한다고 제안한다.

보다 근본적으로 살펴보아야 할 점은, 이주민의 불법체류가 개개인의 문제라기보다는 사회구조적 문제에서 비롯된다는 것이다. 2023년 현재 한국에 불법체류 이주민이 약 42만 명 거주하고 있다. 이들을 모두 자발적으로 출입국관리법을 위반한 것으로 보는 것은 무리가 있다. 한국의 대표적인 외국인 노동자 도입 정책인 고용허가제는 이주민의 장기체류와 사업장 변경을 엄격하게 제한하고 있다. 이주노동자는 고용주의 부당한 대우로부터 탈출하거나 체류 연장을 위해 불가피하게 불법체류를 선택하는 경우가 많다. 또한 사업주들은 제도를 악용해 불법체류라는 약점을 담보 삼아 이들을 값싸게 고용해왔다. 정부는 단속과 방치를 반복하면서 값싼 노동력으로서 미등록 이주민의 양산을 방조해왔다.

외국인보호소는 미등록 이주민을 범죄자로 간주하는 정부 정책의 일환이다. 외국인보호소는 체류 기간이 지났거나 국내법 등을 위반하여 강제퇴거 대상이 된 외국인 가운데 도주 염려가 있는 자를 자국으로 송환하기 전 '보호'할 목적으로 설립된 기관이다. 한국에는 경기도 화성과 충청북도 청주, 그리고 전라남도 여수까지 총 세 곳에 외국인

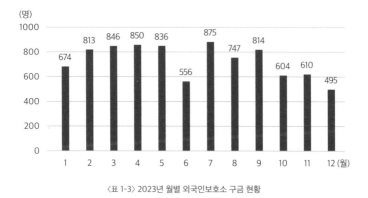

<표 1-3> 2023년 월별 외국인보호소 구금 현황

보호소가 있다. 시기마다 변동이 크지만 2023년 외국인보호소에는 최대 875명, 최소 495명이 구금되어 있었다.(〈표 1-3〉)[84] 그러나 외국인보호소는 보호시설이 아니라 사실상 구금시설이다. 수용자들은 교도소와 마찬가지의 수준으로 신체의 자유가 제한된다. 문제는 미등록 이주민의 구금이 법원과 같은 독립적인 기관에 의한 심사 없이 행정명령으로 집행된다는 것이다. 게다가 구금 연장을 결정할 독립적인 심사 절차도 없어 사실상 무제한으로 구금될 수 있다. 실제로 한 난민 신청자는 4년 이상 정당한 사유 없이 보호조치된 예도 있다. 하지만 법무부는 외국인보호소의 현황과 실태에 대해 충분한 정보도 밝히고 있지 않다.

인권 없는 인력으로서 이주민

외국인보호소에서 벌어진 고문과 인권침해는 단순히 범법자에 대한 과잉 처벌의 문제가 아니다. 미등록 이주민을 양산하는 정부의 이주민 정책과, 이들로부터 저임금 노동력을 착취하는 사업주, 그리고 이들을 범죄자 취급하고 이주민을 구금하는 비인권적 행정에 근본적인 원인이 있다. 그리고 계속되는 외국인보호소의 이주민 감금은 잠재적 범죄자로서의 이주민에 대한 그릇된 인식을 지속시킬 것이다.

우리는 2021년 8월 말 아프가니스탄에서 한국 정부기관에 협력한 아프간인 391명을 구출한 일을 환영했다. 그러면서 이를 국제사회에 한국 정부의 성숙한 인도주의를 보여준 계기로 평가한다. 그러나 그 아프간인이 도착하기 하루 전, 정부는 국내에 체류 중인 아프간인들에 대해서는 인도적 차원에서 체류 연장을 허용하면서, 동시에 '국민의 안전'을 고려해 국내 연고자가 없는 이나 강력사범은 외국인보호소에 보호 조치할 것임을 밝혔다. 박해를 받을 수 있어 자국으로 돌아갈 수 없는 아프간인을 잠재적인 범법자로 간주하는 정부의 성명은 외국인보호소의 인권침해가 단순히 법령의 문제가 아니라 정부 전체의 잘못된 인식에서 비롯되었음을 암시한다.

다행히도 2023년 3월 24일 헌법재판소는 강제퇴거명령을 받은 이주민을 공정한 심사나 절차 없이 무기한 구금

할 수 있도록 한 출입국관리법의 조항이 헌법에 위반된다
고 판결했다. 그러나 역으로 생각해보면, 이 조항이 제정된
1967년 이후 무려 반세기 동안 정부는 반헌법적인 이주민
구금을 아무런 반성과 개선 없이 시행한 셈이다.[85] 학계와
사회도 그동안 이주민의 불법 구금에 눈을 감고 있었다. 그
러나 명심해야 할 것은, 외국인보호소는 단지 빙산의 일각
일 뿐이라는 점이다. 이주민을 인간이 아니라 인력으로 간
주하는 이민정책에 대한 총체적인 재고가 없다면 이러한
행정은 다른 측면에서 계속될 것이기 때문이다.

혐오로 표를 모으다

인종주의 선거전략의 등장

말도 많고 탈도 많았던 20대 대통령 선거는 국민의힘 윤석열 후보의 당선으로 끝이 났다. 선거 캠페인에 대한 평가는 사람마다 엇갈리겠지만, 가장 주목할 만한 현상은 여성과 이주민을 향한 혐오의 선거전략이 한국 정치 캠페인의 중심으로 떠올랐다는 점이다. 이는 한국 정치사에서 처음 시도된 선거전략이다. 윤석열 후보는 2022년 1월 30일 그의 페이스북 페이지에 "국민이 잘 차려 놓은 밥상에 숟가락만 얹는 외국인 건강보험 문제 해결하겠습니다"라고 글을 올렸다. 그는 '외국인', 특히 '중국인'을 지목하면서 그들이 무분별한 피부양자 등록을 통해 과도한 건강보험 혜택을 누린다고 비난했다. 외국인 때문에 건강보험 재정은 악화했고 국민은 '불공정과 허탈감'을 느낀다고 주장했다. 이어서 그는 건강보험 재정을 악화시키는 이주민에 대한 강력한 대책을 마련하겠다고 선전했다.

당시 윤석열 후보의 글은 즉각 여당과 시민사회단체로부터 명백한 혐오차별 발언이라며 강한 비판을 불러일으켰다. 20~30대 청년층에 만연한 반중감정을 선거에 이용하기 위해 혐오차별의 수사를 동원했다는 것이다. 여기서 우리가 주목해야 할 것은 국민의힘의 선거전략이 한국 최초의 본격적인 인종주의적 선거전략이라는 점이다. 선거 당시 윤석열 후보의 외국인 건강보험 발언은 단 한 차례에 그쳤지만, 한국 최초로 대선에서 선거전략으로 사용되었다는 점에서 한국 민주주의 정치에서 치명적인 독약이 될 가능성이 크다.

개 호루라기 정치와 혐오의 호명

윤석열 후보의 외국인 건강보험 발언은 '개 호루라기 정치'Dog Whistle Politics로 일컬어지는 미국 인종주의 정치와 상당히 닮아 있다.[86] 이를 분석한 이언 로페즈Ian López에 따르면, 미국의 선거 정치에서 인종주의 수사는 백인의 지지를 이끌어내기 위한 주요한 선거전략 가운데 하나다. 보수주의 공화당을 중심으로 선거 때마다 동원되는 인종주의 수사들은 마치 개 호루라기, 즉 사람에게는 들리지 않고 개에게만 인식되는 신호와 같다. 민주주의 체제에서 혐오 발언은 공개적으로 용인되지 않기 때문에 백인 보수주의 정치인들은 겉으로는 사소하고 지나치기 쉽지만, 백인들이 알아채고 반응할 수 있는 말과 표현을 사용해 인종차별과 백인우월주의를 자극한다.

2016년과 2020년 미국 대선에서 도널드 트럼프Donald Trump는 '법과 질서'Law & Order라는 말을 반복해서 사용했다. 이 말은 단순히 사회 안정을 뜻하는 것이 아니라, 1968년 리처드 닉슨Richard Nixon이 당시 대선에서 흑인민권운동을 진압하겠다는 의미로 사용했던 강령을 그대로 차용한 것이었다.[87] 당시 공화당 대선후보였던 닉슨은 격화되는 흑인민권운동에 반감을 가지고 있던 백인 유권자들을 결집시키려 했다. 흑인을 향한 적대심을 공개적으로 표출할 수 없었던 닉슨은 과격해진 흑인봉기를 마약 및 범죄와 연루시키면서 법과 질서의 회복을 대안적 선거 캠페인으로 내세웠다. 결국 닉슨은 민주당 대선후보였던 허버트 험프리Hubert Humphrey를 물리치고 대통령에 당선될 수 있었다. 마찬가지로 '법과 질서'라는 호루라기를 불면서 트럼프는 백인우월주의자들을 결집시켰다.

외국인 건강보험 무임승차의 글에서 윤석열 후보는 외국인 혹은 중국인이라고 표현했지만, 사실 그가 비난하는 대상은 명백하게 재한 중국동포 이주노동자들이다. 그와 국민의힘은 중국인이라는 말을 통해 반중감정을 자극하는 것처럼 보이지만, 사실은 이주민을 문제 삼고 있는 것이다. 역시 명료하게 표현하지 않았지만, 이주민을 건강보험 재정을 악화시키는 장본인으로 취급하면서 마치 한국인에게 써야 할 재정을 이주민이 빼앗아가는 것처럼 묘사한다. 이주민을 가해자로, 한국인을 피해자로 지목하면서 이주민에게 적대적인 인종주의적 감정을 소환하는 것이다.

인종주의의 확산과 민주주의의 약화

로페즈는 개 호루라기 정치가 민주주의 체제에서 위험한 본질적인 이유는, 인종주의적 정치가 진보적 의제를 약화시키기 때문이라고 이야기한다. 개 호루라기 정치전략은 유색인종뿐 아니라 사회적 약자 전체를 위한 복지제도를 공격한다. 이를 통해 인종주의적 정치 수사는 소수자뿐 아니라 백인 중산층과 노동 계층에게도 해가 된다. 미국의 로널드 레이건Ronald Reagan 대통령은 1976년과 1980년 선거 캠페인에서 복지정책을 비판하면서 허술한 복지 프로그램을 악용해 일하지 않고 복지 수당을 착복하는 '복지 여왕'Welfare Queen을 반복적으로 상기시켰다.[88] 그는 한 번도 인종을 이야기하지 않았지만, 백인들은 그가 흑인 여성을 지칭하고 있음을 알아차렸다. 인종주의적 메시지를 통해 레이건은 백인들의 지지를 끌어낼 수 있었고 취임 후 빈곤층에 대한 복지를 대대적으로 축소할 수 있었다.

　윤석열의 선거전략 역시 인종주의적 국민감정을 소환하기 위해 보편적 사회복지 정책을 비난한다는 점에서 미국의 인종주의 정치 수사와 소름 끼치게 닮아 있다. 후보의 주장과 달리 이주민은 내국인보다 소득 대비 훨씬 많은 보험료를 지불하고 적게 이용한다. 이주민의 건강보험 재정수지(보험료 대비 급여비)는 지난 5년간 연속 흑자를 기록했다. 2019년 3,736억원이었던 흑자 규모는 2023년에 7,403억원을 기록했다.[89] 건강보험은 사회 소외 계층을 폭넓게 보장하기 위해 개혁되어야 하는 것이 맞다. 그러나 그의 인종주의적 공격은 결국 진보적 복지 의제에 대한 당위성을 약화시켜 내국인 중산층과 저소득층을 위한 복지정책을 후퇴시킬 평계로 활용될 수 있다.

　윤석열 당시 대통령 후보의 혐오적 선거 캠페인을 미국과 같은 다인종 국가의 인종주의 선거전략과 비교하는 것은 적절하지 않다고 비판할 수 있다. 그러나 역으로 이 메시지가 소수라 할지라도 '먹혀들' 것이라는 국민의힘의 분석 혹은 전망이 이미 한국사회에서 인종주의가 대중화되고 있다는 간접적인 근거가 될 수 있다. 인종주의 선거전략은 이제 시작에 불과하다.

이민청이 저출생 해법?

이상한 저출생 대책

2023년 12월 6일 윤석열 정권의 법무부는 '출입국·이민관리청' 신설 방안을 발표했다.[90] "인구재앙은 정해진 미래입니다"로 시작하는 배포자료는 인구재앙의 유일한 대책은 "출산율 제고와 이민정책뿐"이라고 주장한다. 이 중 출산율 제고는 "시간적 한계와 규모적 한계"로 즉각적인 효과를 보기 어렵기 때문에 이민 확대가 현재 실행할 수 있는 현실적인 대안이라고 주장한다. 자료는 체계적인 이민 확대를 위해 출입국·이민관리청의 신설 필요성을 역설하면서 끝을 맺는다.

　같은 달 정부는 이민정책의 최상위 계획으로 향후 5년의 기본원칙을 제시하는 '외국인정책 기본계획(2023-2027년)'을 발표했다. 계획은 "인구감소와 지역소멸 충격을 완화·

지연하는 보완책"으로 이민정책을 활용해야 한다고 명시했다. 따라서 이민정책은 "국익과 우리나라의 모든 사회구성원을 위한 미래지향적 국가정책"임을 강조했다.

이는 정부만의 구상은 아니다. 2022년 열린 이민청 설립에 관한 토론회[91]에서 국내 유일의 이민정책 연구기관인 이민정책연구원의 원장은 "인구절벽이라는 엄중한 현실"에 대응해 이민정책을 추진하기 위해 이민청 설립이 필요하다고 강조했고, 학계를 대표하는 한국이민정책학회 학회장 역시 이민청 설립이 시급한 이유로 "생산연령인구의 감소"를 꼽았다.

저출생과 생산인력 감소라는 한국사회의 중대한 위기에 맞서 정부와 학계가 한목소리로 이민청 신설을 외치고 있다. 마치 만능 해결책이라도 되는양 말이다. 그렇지만 이민청 설립을 둘러싼 논의는 정작 중요한 핵심을 놓치고 있다. 이민청 설립에 찬성 혹은 반대를 하기 전에 우리가 던져야 할 몇 가지 질문이 있다.

인구위기와 무관한 이민정책

첫째, 과연 이민 확대가 저출생의 해결책일까? 아마 이민에 반대하는 일부 시민도 이 질문에는 그렇다고 답할 것이다. 저출생 위기의 해결책으로 이민을 주장하는 사람들은 이주민이 많이 들어와서 인구를 증가시킬 뿐만 아니라, 우리와 다르게 자녀를 많이 낳을 것으로 생각한다. 이 생각은 주로 동남아시아 등 저소득 국가에서 이주하는 이주민이 출신국의 출생률을 따라갈 것이라는 가정에 근거한다. 이 가정은 동남아시아 여성이 전근대적이라는 인종차별적 발상이다. 게다가 국내 결혼이주여성에 관한 연구는 시간이 흐를수록 한국사회에 동화하면서 내국인의 출생률에 수렴한다고 보고한다.[92] 게다가 결혼이주민의 사회적 소외도 이들의 출생률 저하에 기여한다고 지적한다. 이 같은 연구결과가 시사하는 바는 이민 확대가 저출생의 해법이 아니라는 사실이다. 단기적으로 이민 확대가 인구수를 늘리기는 하겠지만 사회적 불평등, 여성 차별, 높은 주택 가격 같은 구조적 문제는 내국인은 물론 이주민에게 똑같이 영향을 미쳐 저출생으로 이어진다. 저출생의 해법은 사회구조를 바꾸는 일이지 이민 확대는 응급 처방에 불과하다.

둘째, 그래도 이민 확대는 곧 다가올 미래의 노동력 부족 문제를 해결해주지 않을까? 여기에도 함정이 존재한다. 인구 구조의 변화로 초래될 생산가능인구의 감소는 무엇보다 청년 인구가 줄어들고 이들이 종사하는 산업의 인력이 부족해질 것이라는 의미다. 하지만 내국인 청년 인구가 종사하는 산업은 상대적으로 임금과 숙련도가 높은 일자리다. 즉 학력이 높은 노동력을 요구하는 직종이다. 반면 현재 이주노동자가 종사하는 산업은 내국인이 취업을 꺼리는 낮은 임금의 저숙련 일자리가 대부분이다. 따라서 연구는 현재의 이민정책으로는 생산가능인구 감소에 따른 일자리 수급 부족 현상을 해결할 수 없다고 지적한다.[93] 그렇다면 고학력, 고숙련의 해외인력 이민을 추진하면 되지 않을까? 잘 알려지지 않았지만 정부는 이미 오래전부터 우수 인재의 이민을 장려하는 정책을 추진하고 있다. 하지만 우수 인재의 국내 유치는 실패했다. 고학력, 고숙련 인력에게 한국은 결코 매력적인 정착지가 아니다. 서구에 비해 상대적으로 임금이 낮고, 장시간 노동이 일상적이며, 위계적인 조직문화를 가진 한국보다 이들은 노동조건이 좋은 여타 선진국을 택한다. 이러한 현실이 시사하는 바는, 이민정책만으로는 노동력 부족 문제를 해결할 수 없다는 것이다. 내국인 노동자가 일하기 좋은 환경을 만들어야 역설적으로 이민정책도 성공할 수 있다. 저출생과 마찬가지로, 우리 사회가 문제인 것이다.

지극히 정치적인 이민청 논의

게다가 단순히 행정효율성에 초점을 맞춰 이민청을 설립하자는 주장은 기존의 차별적이고 비인권적인 이민정책에 대한 반성은 외면하고 있다. 국내 이민정책은 임금이 낮고 노동환경이 열악한 직종의 일자리를 메꾸기 위해 제3세계 인력을 단기적으로 순환시키는 원칙을 고수하고 있다. 마치 일회용품처럼 말이다. 하지만 임기응변식의 인력수급 정책은 해당 산업이 계속해서 값싼 저숙련 인력에만 의존하도록 만들어서 오히려 산업의 발전을 막을 수 있다. 이는 만성적인 인력 부족과 산업의 쇠퇴를 야기할 뿐이다. 제3세계 노동자가 지금처럼 계속 한국을 찾으리라는 보장도 없다. 세계 경제 상황이 변화하면 이들은 보다 나은 체류조건과 노동조건을 찾아 다른 국가를 찾을 것이다. 현재 이민정책은 생산인력 부족을 단기적으로 해결할 뿐 지속가능한 대안은 아니다.

결국 법무부장관이 "쏘아 올린" 이민청 설립 주장은 저출생과 생산인력 감소라는 한국사회의 위기에 결코 대처할 수 없다. 현재 시민들의 불안함을 잠시 잠재우려는 정치적 수사에 불과하다. 그보다 중요한 건, 악화되어가는 빈부격차와 불평등, 그리고 후진적인 노동조건을 근본적으로 개선하는 일이다. 이를 위해서는 이민정책을 새롭게 도입하는 것이 아니라 국내 노동시장과 복지제도를 개혁하는 작업이 선행되어야 한다. 더군다나 지금의 차별적 이민정책에 대한 반성 없이 이민 확대만을 추진한다면 과거의 실패를 반복할 뿐이다. 저숙련 인력의 지속가능한 유지와 인권보호에 신경쓰지 않는 정책을 고수하는 것은 다가오는 한국사회의 위기에 전혀 도움이 되지 않는다. 이민청은 답이 아니다.

이주민을 위한 K-방역은 없다

시민이 아닌 이주민

2020년부터 3년여간 지속된 코로나19의 대유행은 세계를 휩쓸고 지나갔다. 한국도 예외는 아니었다. 많은 시민이 유행병에 귀중한 목숨을 잃었고, 그보다 더 많은 시민이 감염병에 고통을 겪었다. 다행히도 우리 정부는 감염병의 유행에 빠르게 대처하면서 방역정책을 효과적으로 펼쳤고 다른 국가에 비해 피해의 폭을 크게 줄일 수 있었다. 국내외 언론은 한국 정부의 성공적인 방역정책에 칭찬을 아끼지 않았다. 많은 시민은 정부의 코로나19 유행 기간 방역정책의 성공을 'K-방역'이라 치켜세우며 자화자찬했다.

그러나 정부의 방역정책은 철저하게 불평등했다. 모든 주민을 정책의 대상으로 삼지 않았고, 다수를 위해 소수를 희생시켰고, 주민의 일부는 방치했다. 저소득층, 장애인, 이주민, 비정규직 노동자 등이 그러했다.[94] 사회적 약자들은 소득이 줄어서, 개인 방역용품이 없어서, 백신을 맞을 수 없어서, 저렴하게 이용할 수 있는 병원이 줄어들어서 더 아플 수밖에 없었다. 그 가운데에서도 이주민은 더 큰 피해를 입었다.

코로나 대유행 기간 이주민들이 내국인에 비해 더 취약했던 이유는 단순히 이들이 저소득층이나 비정규직과 같은 사회취약계층이기 때문만이 아니다. 이 기간 이주민은 철저하게 비非시민으로 간주되었다. 코로나 대유행 같은 사회적 재난은 정부가 누구를 (비)시민으로 삼고 있는가를 명징하게 드러내주었다.

통제와 차별의 대상

코로나19 대유행 시기 정부는 철저하게 내국인 위주의 방역정책을 펼쳤다. 이주민은 통제의 대상, 즉 백신 접종과 방역 관리의 대상으로만 간주되었다. 대신 마스크 공적 배분이나 재난지원금과 같은 공공부조 대상에서 배제되었다. 대표적으로 초기 마스크의 공적 배분 정책은 건강보험에 가입한 외국인만을 대상으로 시행되어 미등록 이주민, 유학생 등 건강보험에 가입하지 못한 이주민은 방역물품 지급에서 제외되었다. 물론 2020년 후반기부터는 마스크 수급 상황이 개선되면서 나아지기는 했지만 초기 단계에서 이주민들은 큰 곤란을 겪었다.

게다가 공공의료기관이 코로나 감염환자를 전담하게 되면서 코로나19 유행 기간 이주민을 비롯한 의료 취약계층에 대한 의료 지원이 사실상 중단되었다. 이 때문에 건강보험에 가입하지 못한 중증질환의 이주민은 의료비 지원은 물론 치료도 받기 어려워졌다. 또한 보건소에서 무료로 제공하던 영유아 예방접종도 중단되어 이주민 아동의 건강도 위협받았다.

코로나 대유행 시기 이주민을 향한 혐오차별의 증가도 이주민의 병원 접근을 떨어뜨리는 중요한 요인으로 작용했다.[95] 유행 초기부터 중국인과 중국동포를 향한 혐오발언이 증가한 것을 시작으로 소수자 집단을 향한 혐오차별은 유행 내내 지속되었다. 이주민을 향한 혐오차별은 코로나 유행과 맞물려 이들을 잠재적인 '보균자' 내지 '전파자'로 오해하도록 만들었다. 혐오차별은 심리적으로 이주민들을 위축시켰고, 이주민들은 외출을 가급적 삼가면서 아파도 병원 방문을 미루었다. 의사와 간호사들은 이주민의 방문과 진료를 꺼리거나 거부하면서 병의원에 방문하는 것이 더욱 어려워졌다.

민간에 떠넘긴 이주민 의료

국민으로 간주되지 않았던 이주민 의료 수요의 상당 부분은 시민사회에서 감당하고 있다. 무료 진료소나 종교재단에 속한 일부 병원들은 국가가 외면해왔던 이주민에게 최소한의 의료서비스를 제공했다.[96] 그렇지만 코로나19 시기 정부 방역정책은 시민사회에서 시행되고 있었던 이주민 의료서비스마저 위축시켰다.

대유행 초기에 상당수의 민간 의료지원 기관과 단체들은 이전에 시행하던 무료 진료와 교육 활동을 중단시켰다. 또 일부는 진료 과목을 축소하거나 소수만을 대상으로 한 비대면 진료 혹은 예약 진료로 전환했다. 코로나19 유행 상황과 방역정책의 변화에 따라 진료 활동을 부분적으로 재개하는 곳도 있었지만 유행 이전의 활동으로 완전히 복귀한 곳은 없었다. 민간 의료지원 기관들은 각지의 이주민이 방문하는 특성상 진료 과정에서 코로나19가 확산될 수 있다는 우려에서 진료를 중단했다.

정부의 방역 지원이 내국인 위주로 한정됨에 따라 의료지원 기관과 단체는 자체적으로 방역을 실시하고 이주민에게 방역물품과 생활용품을 지급하는 데 많은 자원을 할애했다. 이 때문에 민간 기관과 단체들은 이주민의 치료와 지원에 소홀해질 수밖에 없었다. 그 이면에는 현실을 고려하지 않은 정부의 일괄적 방역정책과 내국인들의 비난도 한

못했다.

결국 이주민 대상으로 시행되던 시민사회의 의료서비스 축소는 공공의료기관의 코로나 전담병원 지정과 결합되어 이주민의 의료 이용을 매우 어렵게 만들었다. 코로나19 유행 기간 이주민 의료 지원이 소수의 무료 진료소와 중대형 병원으로 한정되면서 이주민 환자의 병원 방문이 매우 제한되었다. 게다가 이주민 의료지원 기관과 단체들 간에 협조가 어려워지면서 중증질환 환자의 전원이나 입원이 원활하지 못한 문제들이 자주 발생되었다.

코로나19 대유행 기간 국내 이주민이 경험한 불이익은 단지 그들이 취약계층이기 때문만은 아니었다. 정부는 방역정책과 공적 지원에서 이주민을 대부분 제외시켰다. 몇몇 지방자치단체가 재외동포 등 일부를 지원했을 뿐이다. 이는 정부가 이들을 사회구성원으로 간주하지 않았기 때문에 벌어진 일이다. 그러나 다수의 이주민은 소득세와 건강보험료 등을 납부하는 엄연한 사회구성원이다. 세금을 강제하지만 정작 사회적 위기 상황에서 공공지원을 하지 않는 정부의 이중적 태도는 그 자체로 모순적이다.

2

다민족 ─── 대한민국

이 주 민 과 인 종 차 별 의 역 사 와 현 재

아주 오래된 인종차별

감춰진 인종차별사

2020년 11월 미국 연방 하원의원 선거에서 '앤디 김'Andy Kim, '영 김'Young Kim, '미셸 스틸'Michelle Steel, '메릴린 스트리클런드'Marilyn Strickland 등 네 명의 한국계 미국인Korean Americans이 재선에 성공했다.[1] 한국의 언론들은 일제히 이들의 당선을 대서특필하면서 한국계 미국인의 주류 정치 진출을 자랑스러워했다. 특히 메릴린 스트리클런드는 아프리카계 미국인 아버지와 한국인 어머니 사이에서 태어난 '혼혈'인으로 주목을 받았다. 그러나 언론을 비롯한 누구도 불과 얼마 전까지 혼혈인을 사람 취급도 하지 않았던 우리의 과거를 되새기진 않았다.

우리는 인종차별을 먼 이야기로 받아들인다. 한국은 서구, 특히 미국처럼 피부색이 다양한 사람들로 이루어진 게 아니라 오랫동안 단일민족으로 유지된 사회라고 믿어왔다. 그리고 현재의 '다문화 사회'는 대부분 중국과 같이 피부색이 같거나 기껏해야 베트남처럼 같은 계통의 아시아인으로 인종적 차이가 크지 않은 이주민으로 이루어져 있다고 생각한다. 이런 이유로 한국사회에서 일어나는 차별은 대부분 문화가 달라서 혹은 언어가 통하지 않아서 발생하는 일로 치부되었다. 즉 한국사회에서 인종차별은 기껏해야 아프리카계 외국인에게 일어나는 일화적인 사건이거나 미디어와 SNS에서 몰지각한 사람들이 유포하는 무지의 산물로 여겨진다. 그러나 우리 사회는 생각보다 오래전부터 인종주의적 인식을 받아들여왔고 그로 인한 인종차별이 존재했다. 혼혈인의 이야기는 반세기에 걸쳐 자행되었던 숨겨진 인종차별의 역사다.

노골적인 인종차별

혼혈인은 서로 다른 인종 사이에서 태어난 사람을 가리키는 말이다. 하지만 국내에서 이 말은 주로 외국인(대개 미국인) 아버지와 한국인 어머니 사이에서 태어난 자녀들을 지칭한다. 1950년 한국전쟁 발발 이후 반세기에 걸친 주한미군의 주둔으로 혼혈자녀의 수는 증가했다. 하지만 주한미군은 미국의 인종주의 문화도 같이 들여왔고, 혼혈인과 그

가족은 한국사회의 가장 밑바닥에서 빈곤과 차별을 견디며 살아왔다. 혼혈인의 모친은 그 배경이 어떠하든 간에 '기지촌'에서 혼외관계로 외국인과 놀아난 '양공주'로 낙인찍혔다. 그리고 그 낙인은 고스란히 자녀에게 대물림되었다. 혼혈인 자녀들은 외국인의 피가 흐른다는 이유로, 그리고 외모가 다르다는 이유로 한국인으로 인정받지 못했다. 사람들은 이들을 종種이 다른 동물의 새끼를 가리키는 '튀기'라는 말로 비하했다.

혼혈인에 씌워진 낙인과 정부의 무관심 속에 현재까지도 혼혈인의 정확한 규모는 알려지지 않았다. 정부는 이들에 대해 체계적인 조사를 한 적도 없다. 한 문헌은 한국에서 태어난 혼혈인의 총인구가 최소 2만 명에서 최대 6만 명 사이였을 것으로 추산한다.[2] 이 중 상당수는 해외로 입양되거나 이민을 떠났고, 국내에 남아 있는 이들은 대부분 자신의 인종을 숨기고 살아왔으리라 추측한다. 1999년에 조사된 바에 따르면 한국에 거주하는 혼혈인은 약 400~600명 정도이지만 실제로는 이보다 훨씬 많을 것으로 생각된다.[3]

혼혈인에 대한 국가의 유일한 대책은 해외 입양이었다. 추방이 해결책이었던 것이다. 1954년 이승만 정부는 '한국 아동양호회'를 설립하고 미국 당국과 협의하에 본격적으로 혼혈아동의 해외 입양을 시행했다. 이후 1955년부터 2005년까지 해외로 입양된 혼혈아동의 수는 약 6,000~7,000명에 달한다.[4] 또한 1982년 미국이 '아시아계 혼혈인 이민법'Amerasian Immigrant Act of 1982을 제정해 아시아에 주둔했던 미군의 자녀에게 이민을 개방하면서 약 3,000명의 성인 자녀들이 추가로 미국 이민을 택했다.[5]

현재진행형인 혼혈인 차별

한국에서 혼혈인들의 삶은 누구보다 비참했다. 2003년과 2006년에 각각 국가인권위원회와 여성가족부가 실시한 조사에서 이들의 삶의 흔적을 엿볼 수 있다.[6] 이들은 어린 시절부터 학교와 사회에서 심각한 인종차별을 경험했다. 2006년 조사에서 응답자의 절반 이상이 학교 친구들로부터 따돌림이나 놀림을 당했다고 응답했을 정도로 차별은 이들에게 일상화된 현실이었다. 결국 이들 가운데 절반은 학교를 중퇴할 수밖에 없었다. 성인이 된 이후의 삶은 더욱 참담했다. 당시 조사에서 정규직 일자리를 가지고 있던 이들은 응답자의 4분의 1에 불과했고 대부분 공장이나 공사장 일 같은 하층 노동을 하고 있었다. 직업을 구할 때 혼혈인이라고 거부당한 경험을 가진 이는 무려 절반에 이르렀다. 한국에서 혼혈인들은 인종차별이 초래한 빈곤의 늪에서 고립된 삶을 영위하고 있다. 인순이, 박일준 같은 소수의 혼혈인만이 음악적 재능을 타고났다는 인종주의적 편견에 기대어 존재를 알리고 있었을 뿐이다.

1982년 이후 무려 수천 명의 성인 혼혈인들이 미국으로 발길을 돌린 것은 그래서 이해할 만한 일이었다. 입양과 이민을 통해 미국으로 옮겨간 혼혈인들은 국내 혼혈인들과 마찬가지로 정부와 국민에게서 철저히 외면당했다. 세계화의 흐름 속에서 정부는 2000년대 이후 해외교민에 관한 관심과 지원을 높여왔지만, 혼혈인에 대한 지원과 관심은 없었다. 한때 미국 미식축구 리그의 스타 하인스 워드Hines Edward Ward Jr.가 한-흑 혼혈임이 알려지면서 잠시 대중의 관심을 받기도 했지만 그때뿐이다. 오히려 2006년 재미 혼혈인을 대상으로 한 조사에 따르면 이들은 미국의 한인에게도 외면받는 등 여전히 한국인들로부터 따돌림당하고 있었다.[7]

이제 혼혈이라는 단어는 쓰이지 않는다. 인종차별적 의미를 내포한다는 이유다. 대신 다문화 자녀라는 국적 불명의 단어로 대체되었다. 한국에는 2022년 현재 약 30만 명의 다문화 자녀가 살고 있다. 용어를 바꾼다고 이들에 대한 차별이 사라졌을까? 다문화 자녀들은 여전히 친구로부터 선생님으로부터 이웃으로부터 놀림과 따돌림, 차별을 겪는다. 많은 수가 학교에 적응하지 못하고 학교 밖으로 내몰린다. 우리는 마치 다문화 자녀들의 경험을 예전에 미처 겪어보지 못한 사회문제로 생각하면서 금세 진정될 것이라 예상한다. 그러나 해외 입양과 이민으로는 지울 수 없었던 혼혈인과 인종차별의 역사는 여전히 현재진행형이다.

한국이라는 인력사무소

정부가 용인한 착취

1,223억 원. 이주노동자가 2022년 한 해 동안 받지 못한 체불임금의 규모다. 2023년 10월 국가인권위원회 용역연구 보고서에 따르면, 이주노동자의 체불임금은 2018년 972억 원에서 2022년에는 1,223억 원으로 꾸준히 증가 추세에 있다. 내국인 노동자와 비교하면 이주노동자의 차별 대우는 분명하다. 2022년에 전체 내국인 노동자 가운데 약 1.1퍼센트가 임금체불을 겪은 반면, 전체 이주노동자 가운데 임금체불을 겪은 이는 약 3.5퍼센트로 세 배나 높다. 더욱 우려스러운 점은 전체 임금체불 피해 가운데 이주노동자가 차지하는 비중이 증가하고 있다는 점(2018년 8퍼센트, 2022년 12퍼센트)이다(〈표 2-1〉 참고).[8]

  제도상의 미비 혹은 허점 등이 지적되지만, 통계는 "이

〈표 2-1〉 전체 임금체불 중 이주노동자 비율(인원 기준)

주노동자는 그렇게 해도 된다"는 내국인(고용주)의 뿌리 깊은 인종주의적 인식을 보여준다. 게다가 이런 차별 대우는 2004년 한 개그맨이 이주노동자 흉내를 낼 때부터("뭡니까, 이게. 사장님 나빠요.") 지속되어온 매우 심각한 문제다.

한쪽에서는 이주노동자의 체불임금 규모로 떠들썩할 때, 2023년 윤석열 정부는 2024년도 외국인노동자 지원센터 예산 일체를 삭감하고 그 업무를 고용노동부 지청와 산업인력공단으로 이관하겠다고 밝혔다.[9] 전국에 9개의 거점센터와 35개의 소지역센터 체제를 갖추고 있는 외국인노동자 지원센터는 임금체불 사건과 같은 노동문제 상담은 물론 한국어 교육이나 백신 접종 등 다양한 이주노동자 지원 업무를 하는 기관이다. 외국인노동자 지원센터 폐지는 사실상 이주노동자에 대한 지원을 중단하겠다는 의미다.[10]

같은 시기 정부는 해외 비전문인력(E-9 비자) 도입 규모를 내년에 두 배 늘리겠다고 밝혔다.[11] 이를 종합하면 정부는 이주노동자 규모는 늘리되, 지원은 하지 않겠다는 기조다. 즉 체불임금 따위 신경 쓰지 않고 맘대로 더 데려다가 쓰겠다는 얘기다.

제도화된 차별

비전문인력 이주노동자는 체류자격(비자)에 따라 네 가지로 구분할 수 있다. 계절근로(E-8), 비전문취업(E-9), 선원취업(E-10), 방문취업(H-2). 단기체류(5개월)인 계절근로를 제외하고 비전문취업과 방문취업, 선원취업으로 체류 중인 이주노동자의 규모는 2023년 현재 약 44만 명 정도다 (〈표 2-2〉).

	2019	2020	2021	2022	2023
계절근로(E-8)			383	4,767	14,143
비전문취업(E-9)	276,755	236,950	217,729	268,413	310,825
선원취업(E-10)	17,603	17,552	17,921	19,874	21,476
방문취업(H-2)	226,322	154,537	125,493	105,567	103,981
합계(명)	520,680	409,039	361,526	398,621	450,425

〈표 2-2〉 비전문인력 이주노동자 체류현황

비전문인력 이주노동자의 처우는 언론을 통해 이미 잘 알려져 있다. 이들은 일터에서 내국인보다 높은 위험에 노출되고, 더 많은 사고를 당하며, 더 높은 비율로 임금을 떼이거나, 더 적은 돈을 받는다. 이러한 열악한 노동조건과 부당대우는, 앞에서 다루었듯이 내국인 노동자와 비교해 2~3배 높은 산업재해율과 임금체불률 등을 통해서 충분히 추정될 수 있다.

이들의 평균적인 삶에 대해서 한 조사의 내용을 살펴보자.[12] 비전문취업(E-9) 이주노동자를 조사한 연구에 따르면, 이들의 평균임금은 약 208만 원에 불과했다. 주당 평균 노동시간은 50시간이었지만, 60시간이 넘는다고 답한 응답자의 비율이 4분의 1(약 24퍼센트)에 달했다. 적은 임금으로 오래 일하는 것이다. 이들은 일터에서 다양한 부당대우에 시달리고 있다. 응답자의 약 14퍼센트가 지난 1년간 인격적으로 무시를 당한 경험이 있고, 약 5퍼센트가 부당해고를 당한 적이 있다고 밝혔다. 여성 응답자 가운데 약 7퍼센트는 성희롱 혹은 성폭행 경험이 있다고 응답하여 여성이 더 취약한 상태에 놓여 있음을 알 수 있다. 그리고 전체 응답자의 약 20퍼센트가 1년 사이 다친 경험이 있다고 답해 많은 노동자가 고위험 사업장에서 일하고 있는 것으로 보고되었다.

이주노동자는 왜 내국인 노동자보다 더 높은 비율로 부당대우를 받을까? 비판적인 시민사회단체는 고용허가제로 대표되는 차별적인 이민정책을 이유로 꼽는다. 앞서 다루었지만 비전문인력 외국인근로자 도입 정책은 이동권을 극도로 제한할 뿐 아니라, 가족 동반을 불허하고 영주의 기회를 어렵게 하는 등 이주노동자를 단기고용 인력으로 취급한다. 이주노동자는 불평등한 이민제도 때문에 임금체불이나 부당대우, 그리고 차별에 취약할 수밖에 없다. 이에 맞설 법적 권리와 지위가 턱없이 부족하기 때문이다. 그래서 지금까지는 외국인노동자 지원센터와 같은 별도 지원 기관 혹은 시민단체의 조력이 큰 도움이 되었던 것이다. 그렇지만 헌법재판소의 합헌 결정에 힘입어 정부는 비전문인력 이주노동자 도입 정책의 기본 틀을 조금도 수정할 생각이 없어 보인다. 게다가 정부는 외국인노동자 지원센터 예산을 전액 삭감하면서 노동자의 제도적 취약성 자체를 인정하지 않는 지경에 이르렀다.

인종이 된 이주노동자

차별적 이민제도가 사업주들의 부당대우를 모두 설명하진 않는다. 제도적 차별은 이주노동자를 '그렇게 해도 되는 존재', 즉 우리와 다른 인종으로 만들었다. 가장 충격적인 예는 2023년 7월 경기도 포천시에서 10대 청소년들이 베트남 출신 미등록 이주노동자를 아무 이유 없이 폭행한 사건이다.[13] 가해 청소년들은 베트남 노동자를 '불법체류자'로 신고하겠다고 위협하고 1시간 넘게 폭행했다고 보도되었다. 이 사건은 청소년의 단순한 일탈로 치부되었지만, 사실 이주노동자의 인종화가 한국사회에서 얼마나 보편화되었는지를 잘 보여주는 사례다. 이주노동자와 직접적으로 교류할 일도 없는 청소년들 사이에서 이미 이주노동자는 우리와 다르게 열등한 존재라는 인식이 퍼져 있다는 의미다. 이런 인식에서 이주노동자는 우리가 (일터에서) 부려먹어도 혹은 폭행해도 상관없는 존재들이 된다. 잠재적인 '불법체류자' 혹은 범법자라는 인종적 편견이 이주노동자를 향한 폭력 행위를 부추기고 추동시켰음을 짐작할 수 있다.

한국사회에 이주노동자를 향한 인종화된 인식이 보편화되어가고 있음을 이해해야 청소년은 물론 이주노동자 고용주들의 폭넓은 부당대우와 혐오차별을 잘 이해할 수 있다. 그리고 이런 인종화를 추동하는 요인은 정부의 차별적인 이민정책이다. 정부와 사회는 이주노동자들을 차별적으로 인식하고 대우하지만, 그들이 한국경제에 기여하는 바는 뚜렷하다. 이민정책연구원의 연구에 의하면, 이주노동자가 발생시킨 경제기여 효과는 2016년 74조 원에 이르는 것으로 추정되었다.[14] 같은 연구에서 2020년에는 한 해 100조 원을 넘길 것으로 추산되었다. 이주노동자는 한국경제에 상당한 기여를 하지만, 한국사회는 이들을 철저하게 소모적 인력으로 부려먹고 있다.

한 줌의 백인, 다문화의 얼굴

백인 전문직 이주민의 허상

앞서 다루었듯이 전문인력 이민정책은 실효성도 없고 완전히 실패했지만, 의도치 않게 국내 인종주의의 확산에 기여한 정책으로 평가될 수 있다. 고학력의 전문직 외국인을 겨냥한 이민정책은 선진국의 백인을 염두에 둔 것이다. 전문인력 이주노동자는 학력, 직업, 피부색 등에서 비전문인력 이주노동자와 극명하게 대비된다. 그리고 전문인력 이주노동자는 영주권 신청 자격이나 가족 동반 등 정착에 호의적인 권리가 주어지지만, 비전문인력은 철저하게 단기고용 후 출국이라는 순환 원칙을 고수한다. 그래서 국내에서 선진국 백인은 고학력의 전문직이 눈에 많이 띌 수밖에 없고, 개발도상국 유색인은 저학력의 단순기능인력이 대부분이다. 당연히 내국인들은 이런 구분을 자연스럽게 받아들이게 된다. 즉 전문인력과 비전문인력으로 구분하는 차별적 이민정책은 출신국(선진국 대 개발도상국), 피부색(백인 대 유색인), 그리고 직업(전문직 대 비전문직)에 따른 인종의 구분을 만들었다. 선진국, 백인, 전문직 이주민은 세련되고 똑똑하며 바람직한, 그래서 우리와 함께 살아갈 수 있는 부류로 인식된다. 반대로 개발도상국, 유색인종, 비전문직 이주민은 거칠고 무식하고 게을러서 사회의 일원이 될 수 없다는 인식으로 연결된다. 법적 체류자격이 인간됨의 인식으로 확장되어 가는 과정, 이것이 인종화racialization의 핵심이다.[15] 사회적 중요성에도 불구하고 국내에서 인종(국적, 피부색, 민족을 고려한)에 따른 이주노동자의 구체적 현황이 조사된 바는 없다. 다만 2015년의 한 보고서에서 대졸 이상 이주노동자의 약 절반이 북미 출신으로 조사되었다.[16]

백인우월(선호)주의의 등장

이민정책이 가져온 인종화의 효과가 극명하게 보이는 건 대중매체다. 2003년부터 2016년까지 이주민 및 외국인 관련 주제를 다룬 TV프로그램을 분석한 연구에 따르면, 백인 혹은 전문인력 이주노동자는 유색인 혹은 단순기능인력 이주노동자와 비교했을 때 체류 인원 대비 출연율이 훨씬 높았다(〈표 2-3〉).[17] 즉 국내 백인 이주민은 소수이고 유색인

	인종		체류자격	
	백인	유색인	전문인력	비전문인력
재현율*	2.18	0.75	3.86	0.03

〈표 2-3〉 국내 다문화 프로그램의 인종별/체류자격별 재현율

* 재현율은 다문화 프로그램 내 집단별 재현비중을 실제 인구 비중으로 나눈 지표로, 1보다 크면 인구 비중 대비 미디어에 자주 노출되며, 1보다 작으면 인구 비중 대비 드물게 노출됨을 의미한다.

이주민은 다수지만 백인은 적은 체류자 수에 비해 더 자주 미디어에 노출된다는 의미다. 단순기능인력 이주노동자는 다른 이주민(전문인력 이주노동자, 결혼이주민, 다문화 자녀) 보다 훨씬 적게 대중매체에 노출된다. 뉴스를 제외하면 거의 TV에 등장하지 않는다.

소수의 전문인력 이주노동자의 과도한 미디어 노출은 두 가지 허상과 편견을 일반화하는 데 기여한다. 첫 번째 허상은 백인 이주노동자들이 선진국 출신이거나 전문직 종사자일 것이라는 생각이다. 혹은 선진국 출신의 전문직 종사자들이 대부분 백인일 것이라는 생각도 포함한다. 이러한 인식은 국내 이민정책이 특정 자격과 출신지(인종)의 전문인력만 우대하여 체류 백인 중 다수가 전문직이라는 현실을 반영한다. 한국전쟁 이후 유입된 서구 인종주의는 국내 이민정책의 백인우월주의적 효과를 강화했다. 이는 TV 제작자들이 백인 출연자를 선호하는 경향에서도 목격된다. 연구에 따르면 이러한 선호는 백인이라는 이유로 그들이

더 우월하고 근대적일 것이라는 인종주의적 편견이 이미 한국사회에 깊이 뿌리내리고 있음을 반영한다.[18]

　두 번째의 허상은 선진국의 전문직인 백인만이 한국사회의 일원이라는 인식이다. 이는 정부의 인종주의적 이민정책이 사회의 보편적인 인식으로 자리 잡아가고 있음을 시사한다. 단순기능인력 이주노동자들이 오락 및 예능 프로그램에 등장하지 않는 현상은, 이들이 한국사회의 일원으로 고려되고 있지 않다는 간접적인 증거이다. 유색의, 저학력, 개발도상국 출신 단순기능인력 이주노동자는 시간, 공간, 언어 등 다양한 이유로 미디어에 노출될 기회가 적은 것이 사실이다. 그렇지만 여타 백인 혹은 전문직 이주노동자들이 비슷한 조건에서 출연 기회를 얻는다는 점을 생각한다면 이 차이는 인종주의적 편견이 어느 정도 작용한 결과로 판단할 수 있다. TV에서 이들을 보기 어려운 현실은 제작자와 시청자 모두가 이들이 한국사회의 일원임을 인지하지 못하고 있음을 보여준다.

　반면 유색인 중 결혼이주민과 그 자녀들은 TV에 비교적 자주 등장한다.[19] 이는 한국의 이민정책이 혈연관계를 중심으로 통합을 추구한다는 특징을 반영한다. 그렇지만 결혼이주민, 특히 여성은 항상 시어머니, 남편, 혹은 자녀와 함께 등장하거나 가정생활이 주요한 이슈로 다루어진다. 독립적인 시민으로 우리와 가정생활 외의 일상을 나눌 수 있는 주체로 생각되지는 않는다. 이는 결혼이주민과 자녀는 한국인의 '배우자'와 '자녀'로서만 한국사회의 일원이 된다는, 기생적인 통합 대상이라는 점을 암시한다.

이와 대조적으로 소수의 백인 전문인력 이주노동자는 오락, 예능 프로그램에서 한국인과 사회문화를 논하고, 연애(사랑)에 대해 대화를 나눈다.[20] 이들은 자연스럽게 우리와 일상과 문화를 공유할 수 있는 로맨틱한 시민으로 받아들여진다. 이는 출연하는 백인 전문인력 이주노동자가 한국에 정착할 수 있는 체류자격을 갖고 있는지와 관계없다는 점이 중요하다. 체류자격이 무엇이든 백인 전문인력 이주노동자는 잠재적인 시민으로 간주된다. 이는 유색인종 이주민의 출연 경향과 대조된다. 결국 정부의 이민정책, 그리고 서구 인종주의가 함께 만들어낸 인종 구분은 누가 우리와 함께할 수 있는지에 대한 시민들의 인식으로 자연스럽게 연결된다.

우리가 만들어낸 인종주의

정부와 학계는 대중매체나 일상에서 백인을 선호하는 현상을 오랫동안 서구, 특히 미국에서 수입된 인종주의 문화 탓으로 돌려왔다.[21] 세계화와 문화 교류의 과정에서 서구의 인종주의적 요소들이 세계적으로 퍼져나간 것은 사실이다. 하지만 이러한 현상을 단순히 서구에서 수입된 문화의 결과로만 보는 것은 문제의 핵심을 간과하는 것이다.

　한국을 포함한 많은 국가에서 나타나는 인종주의 편견과 차별은 해당 사회 내부의 역사적·경제적·사회적 맥락 속에서 형성되고 강화되는 면이 크다. 이민정책을 통해 직간접적으로 선진국 백인을 선호하고 개발도상국의 유색인종을 차별하며 구분 짓는 것은 한국사회가 스스로 만들어낸 인종주의 구조이다. 정책과 관행이 사회에서 특정 인종이나 특정 국가 출신 이주민에 대한 열등감이나 우월감을 사회적으로 생산하고 재생산하는 데 기여하며, 이는 사회 전반의 인종주의적 편견과 차별을 강화한다.

배우자가 아닌 가정부

상품이 되어버린 국제결혼

2021년 경상북도 문경시는 "농촌 총각과 베트남 유학생의 자연스러운 만남을 통한 농촌 총각 장가보내기"라는 사업을 추진했다.[22] 말 그대로 지자체는 문경의 농촌 총각과 베트남 여성 유학생과의 맞선을 주선하고자 했다. 시민사회는 이 사업이 명백히 성차별이자 인종차별에 해당한다며 거세게 항의했고, 해당 지자체는 곧바로 사업을 철회했다. 이 일은 그저 한 지자체의 실수로 인한 해프닝으로 여겨졌다. 그렇지만 언론보도에 따르면, 2023년 현재 33개 지자체가 여전히 국제결혼을 지원하는 조례를 가지고 있고, 실제로 지원하는 지자체도 8곳에 달한다.[23] 국내에서 국제결혼을 통한 외국인의 이주가 본격화된 지 20여 년이나 흘렀지만, 여전히 우리 사회는 동남아시아 여성을 손쉽게 결혼

연도	2018	2019	2020	2021	2022
가구수	334,856	353,803	367,775	385,219	399,396

〈표 2-4〉 국내 다문화 가구 현황[24]

할 수 있는 일종의 상품으로 취급하고 있다.

한국에서 다문화라는 용어가 쓰인 것은 국제결혼 가정을 다문화 가정으로 지칭하기 시작하면서부터다. 그만큼 한국인과 외국인 배우자 가정은 국내 다문화 사회의 상징이다. 실제로 2022년 기준 결혼이주민은 약 38만 명이고 이들 가정의 자녀는 약 30만 명에 달한다.[25] 국제결혼은 2005년 한해 약 4만 건까지 증가했지만, 무분별한 국제결혼에 따른 정부의 규제가 시작되면서 감소했다. 하지만 현재에도 매년 약 1만여 건 정도의 국제결혼이 이루어지고 있다.

정부의 다문화 정책은 상당 부분 다문화 가정과 자녀의 지원에 쏠려 있다. 심지어 다문화 가정에 대한 정부 지원이 과하다는 내국인의 불만이 들려오기도 한다. 하지만 정작 다문화 가정을 이루는 결혼이주민 당사자, 특히 결혼이주민의 대부분을 이루는 결혼이주여성들은 정부와 사회의 관심에서 멀어져 있다.

가정부일 뿐인 결혼이주여성

결혼이주여성을 대하는 정부와 사회의 태도는 이들을 하나의 독립적인 시민으로 바라보지 않는다. 대신 가족을 부양하고 자녀를 양육해야 하는 다문화 가족의 구성원, 즉 배우자, 며느리, 어머니로만 취급한다.[26] 정부와 사회는 이들에게 전통적인 가족 관념에 따른 여성 배우자의 역할만을 강요한다. 결혼이주여성을 향한 전근대적인 인식은 이들의 출신 배경과 맞물려 강화되어왔다. TV 예능에 등장하는 독립적이고 주체적인 외국인은 백인 또는 선진국 출신인 경우가 대부분이다. 특히 서구 남성이 그러한 역할을 주도한다. 2023년 방영된 〈물 건너온 아빠들〉이란 예능 프로그램은 얼핏 보면 가정에 충실한 신세대 이주민 남성의 모습을 보여주고 있다. 그러나 가정적인 백인 남성의 모습은 근대적이고 우월한 백인 남성의 인종주의적 이미지를 강화하는 데 일조할 뿐이다. 대조적으로 대중매체는 동남아시아 이주 여성을 부인과 며느리의 이미지로만 묘사한다. 〈다문화 고부열전〉이나 〈러브 인 아시아〉 같은 TV 프로그램들은 결혼이주여성들의 이미지를 가족에 메어놓는 데 큰 역할을 했다.

한국인 가족의 구성원으로만 존재를 인정받는 결혼이주여성의 이미지는 대중문화에만 반영된 것은 아니다. 결혼이주에 관한 정부의 이민정책 역시 체류자격과 국적 취득의 권리를 한국인 배우자와 가족에게 종속해놓았다. 대표적인 정책은 결혼이민비자의 발급과 연장 시 필요한 배우자의 신원보증제다. 이 제도는 공식적으로는 2011년 폐지되었지만 여전히 현장에서는 배우자의 동의를 요구한다.[27] 물론 배우자의 신원보증은 위장결혼을 통한 불법체류를 방지하기 위해 마련된 조항이지만, 동시에 결혼이주여성의 체류자격을 혼인 여부에 결부시키는 정책이다. 이로 인해 결혼이주여성은 자신에게 귀책 사유가 없다고 하더라도 결혼생활이 끝났을 경우 체류 허가를 받기 매우 어렵다. 외국인인 결혼이주민이 이를 입증하기도 어렵고 오히려 외국인이라는 이유로 결혼 중단의 책임을 질 가능성이 크기 때문이다. 또한 우리의 결혼이민제도는 결혼이주민의 체류자격을 가족부양과 연계시켜놓았다. 자녀 혹은 배우자의 가족을 부양하고 있다면 체류 연장이 예외적으로 인정되는 조항이나 이혼한 결혼이주민의 사회보장을 인정하지 않는 조항이 대표적이다. 이런 제도는 결혼이주여성의 시민권이 한국인과의 결혼과 가족부양에 연결되어 있다는 사실을 잘 보여준다.

결혼이주여성의 시민으로서 권리를 내국인 배우자와 가족부양의 역할에 종속시켜 놓은 정부 정책과 사회적 편견의 결과는 다문화 가정 내에 만연한 가정폭력에서 가장 두드러진다. 2017년 국가인권위원회의 조사에서 결혼이주여성 조사대상자 가운데 무려 42퍼센트가 가정폭력을 경험한 것으로 드러났다.[28] 폭력을 경험한 응답자 중 심한 욕설을 경험한 이가 81퍼센트, 폭력 위협이 38퍼센트, 그리고 한국식 생활방식을 강요받은 이가 41퍼센트에 달했다. 결혼이주여성들이 당하는 가정폭력은 단순히 배우자나 가족 구성원 개인의 문제로 돌릴 수는 없다. 정부의 다문화 정책과 우리 사회가 결혼이주여성을 가정에 종속된 '가정부'로 낮춰보는 인식의 결과로 보는 편이 타당하다. 같은 조사에서 '한국식 생활방식의 강요'가 또 다른 주요한 폭력 유형으로 드러난 점은 실제로 결혼이주여성의 동화를 추구하는 정부의 다문화(가족) 정책의 효과를 여실히 드러낸다.

정부는 지금껏 다문화 가족을 이주민 사회통합의 핵심 추진과제로 삼아왔다. 제4차 다문화가족정책 기본계획(2023-2027)은 "다문화 가족과 함께 성장하는 조화로운 사회"를 모토로 삼는다.[29] 그러나 공허한 구호의 이면에서 정부는 결혼이주여성의 권리를 확충하는 대신 그들을 손쉬운 가족 돌봄의 도구로 삼아왔다. 그 결과 결혼이주여성은 가족 내에서도 그리고 사회에서도 2등시민으로 전락하고 있다.

누구를 위한 가사도우미인가?

맥락 없는 이주가사도우미 도입

2023년은 느닷없는 외국인 가사도우미 논쟁으로 들끓었다. 2022년 10월 서울시장 오세훈은 국무회의에서 외국인 육아 도우미 제도를 공식 제안했다. 국내 저출생 문제의 해결 방안으로 저렴하게 육아와 가사를 분담할 수 있도록 외국인을 가사도우미로 고용하도록 하자는 취지다.[30] 이를 이어받아 2023년 3월 시대전환 조정훈 의원은 국회에서 저임금 외국인 가사도우미 도입을 위한 법안을 대표 발의했다. 그러나 정치권은 이주가사도우미가 저출생에 실제로 도움이 되는지에 관한 논의는 제쳐둔 채, 오직 최저임금 차등 적용만을 내세우며 '값싼' 외국인 고용을 해결책으로 내세웠다.

2023년 5월 윤석열 대통령도 저출생 대책의 하나로 이주가사노동자 도입 검토를 지시했다. 결국 고용노동부는 7월 31일 외국인 가사관리사 시범사업 계획을 발표하고, 9월 1일 외국인 인력정책위원회 및 외국인력 통합관리 태스크포스 회의에서 이를 확정했다. 공론화나 사회적 논의 없이 밀어붙이기 식으로 시작된 시범사업은 시작부터 말썽이었다. 2024년 8월에는 교육수당이 제때 지급되지 않아 시작부터 임금체불이냐는 비난이 쏟아졌다. 그리고 중개업체가 밤 10시 이후 숙소 출입을 통제하고 연휴 기간 외박을 금지한다는 사실이 알려지자 인권침해 논란이 불거졌다. 9월에는 2명의 가사노동자가 숙소에서 이탈했다. 입국한 지 채 두 달도 되지 않아 벌어진 일이었다. 이들은 부산 지역에서 불법취업 중 단속에 붙잡혔다. 이 과정에서 이들의 취업 기간이 7개월에 불과하다는 사실이 알려지면서 사업이 졸속으로 시행되었다는 비판이 제기되었다.

정부의 갑작스러운 이주가사노동자 도입 추진에 인터넷은 극명하게 찬반으로 나뉘었다. 한편에서는 값싼 이주가사노동자가 가정의 육아 부담을 줄여 여성의 경제활동을 돕고 출생률 제고에 도움을 줄 수 있다고 찬성한다. 특히 아이 돌봄 인력이 부족한 상황에서 현실적인 대안이 될 수 있다는 것이다. 반대로 비판적인 시민사회는 이주가사노동자 도입은 출생률 제고와 무관하며, 무엇보다 최저임금 차등 적용 주장은 인종차별적이라며 반발했다.

차별의 현실

정치권에서 촉발시킨 이주가사도우미를 둘러싼 지금의 뜨거운 논란은 깊이 있는 논의로 이어지지 않고 있다. 사실 한국사회는 이주민 가사도우미를 오래전부터 이용하고 있었지만, 그 실태에 대해선 제대로 된 조사 한번 이루어지지 않았다. 중국동포 가사노동자들이 그들이다. 1990년대부터 일부 한국 가정에서 여성 중국동포는 가사와 육아 도우미로 일해왔다. 대부분은 일손이 필요한 가정에서 숙식을 하면서 일하는 '입주' 도우미였던 것으로 추정된다. 언론 보도에 따르면 이들은 현재 월 200만 원이 넘는 임금을 받고 있다.[31] 그렇지만 이들이 처음부터 이렇게 많이 받았던 건 아니다. 한 조사에 따르면, 2000년대 초반만 하더라도 100만 원도 못 받는 사람이 많았다.[32] 하지만 밤낮이 없는 노동에 휴일조차 없는 일을 내국인들이 점차 기피하기 시작했고, 젊은 중국동포들도 이 일을 꺼리기 시작하면서 공급이 줄어들었다. 기존 중국동포 종사자에게 임금 협상의 여지가 생긴 것이다. 현재도 다른 일자리를 구하기 어려운 중장년의 여성들이 이 일을 이어간다. 문제는 종사자의 연령이 높아지고 있다는 점이다. 이들을 조사한 한 연구의 응답자 평균 연령은 60대였다.[33]

시민사회가 지적하듯이, 이주민 가사노동자의 도입은 출생률과 여성의 경제활동 참여율을 높여주지 못한다. 무엇보다 가사노동자는 중상계층의 전유물이 될 가능성이 크다. 현재도 중국동포 가사노동자를 쓰는 가정은 주로 중상층이다. 오죽하면 잘사는 집안의 자녀들은 조선족 말투를 쓴다는 소문이 회자될 정도디. 서민 가정에서는 도우미의 임금을 감당할 수 없다. 게다가 상주 가사노동자를 고용하려면 손님용 방이 하나 있어야 한다. 집이 어느 정도 커야 한다는 얘기다. 그래서 서민들은 더욱 이주민 가사도우미를 쓰기 어렵다. 서울시장과 보수정당이 주장하듯이 이주 가사노동자 도입이 저출생, 고령화의 대책이 아닌 이유다. 결혼과 출산을 미루는 대부분의 서민 청년층에게는 빛 좋은 개살구일 뿐이다.

또한 이주민 가사노동자는 여성들이 더욱 출산을 기피하도록 만들 수 있다. 중국동포 가사노동자는 육아만 전담하지 않는다. 육아는 물론 청소, 빨래, 식사 준비, 장보기, 아이 등하교 등 주부가 해야 할 모든 일을 떠안는다. 24시간이 모자란다. 한 연구에서 중국동포 가사도우미들은 한결같이 주부의 일을 모두 떠안았다고 보고한다.[34] 이런 가정에서 남편은 점잖게 돈만 벌어오면 된다. 여성의 가사와 육아 부담이 남편에게 나눠지는 게 아니라, 또 다른 여성에게 전가되는 것이다. 이주민 가사도우미가 대거 유입되고 중상층을 중심으로 가사 일을 전적으로 맡긴다고 생각해보자. 가정의 가사 및 육아 분담은 남녀의 문제가 아니라 돈의 문제가 된다고 생각하지 않을까. 도우미를 고용할 수 없

는 저소득층의 가정은 결혼과 출산을 계속 미룰 가능성이
크다.

2등시민의 양산

싱가포르나 홍콩 같은 아시아권 국가에서 저임금 이주민
가사도우미를 적극적으로 활용하고 있지만, 그렇다고 우리
나라에도 무작정 도입할 수 있는 제도는 아니다. 무엇보다
이주민을 착취하게 될 가능성이 매우 높다. 많은 연구가 여
러 국가에서 이주민 가사도우미의 차별과 착취가 이뤄지
고 있음을 보고했다.[35] 마찬가지로 국내 중국동포 가사노동
자를 조사한 연구에 따르면, 많은 응답자가 차별과 착취를
경험했음을 보고했다.[36] 예들 들면 임금을 떼어먹거나, 절
도범으로 몰아가고, 사람이 살 수 없는 방에 거주하게 하거
나, 지나치게 많은 일을 시키거나 휴일을 주지 않으며, 여
권이나 신분증을 압류하고, 심지어 성희롱을 하는 경우도
보고되었다. 가사도우미는 대개 주인과 같은 집에서 24시
간 거주하기 때문에 다른 일자리에 비해 더 많은 부당대우
에 노출되기 쉽다. 그리고 공장이나 회사에서 일할 때와 달
리 고용계약서를 제대로 쓰지 않기 때문에 규정된 업무가
없어서 시키는 모든 일을 해야 할 수도 있다. 게다가 많은
이가 이미 상당히 고령이라, 이런저런 부상이나 질병으로

고생하는 일도 많다.

또 이주민 가사도우미는 이주민에 대한 편견을 고착화하고 강화시킬 수 있다. 연구에 따르면 내국인 고용자들은 중국동포를 고용하면서 그들이 먹는 음식과 말투, 행동이 다르다는 이유로 깔보거나 무시하는 경우들이 많다.[37] 게다가 고용주들은 중국동포라는 이유로 음식이나 물건이 없어지면 제일 먼저 의심하고, 남편을 유혹하지 않을까 걱정하기도 하며, 돈을 훔쳐갈까 봐 노심초사하기도 한다. 이런 의심의 이면에는, 이들이 중국동포라는 이유 외에도 도우미라는 천한 일이나 하는 사람이라는 비하적인 인식도 한몫한다. 만약 인도네시아인이나 필리핀인을 가사도우미로 고용하게 된다면, 이들을 향한 편견과 차별은 지금보다 더 심해질 수 있다.

정부와 지자체의 무분별한 이주가사노동자 도입 계획은 단순노무인력 활용의 수단으로만 이주민을 취급하는 국내 이민정책의 연장선에서 올바르게 이해될 수 있다. 결국 비전문인력 이주노동자와 마찬가지로 저임금 노동 착취와 인종차별의 굴레를 벗어나지 못하게 될 것이다. 게다가 저출생 위기의 원인을 고려하지 않은 채 추진되는 정책은 일부 계층의 이익에만 부합할 뿐 인구위기에 실질적으로 기여하지 못할 운명이다.

부려먹고 추방하기

정치적 추방과 방치

2023년 새해 업무보고에서 법무부(장관 한동훈)는 소위 "불법체류 감축 5개년 계획"을 추진하면서 "엄정한 체류질서를 확립해 국민들의 불안을 해소할 수 있도록 섬세한 균형점을 찾아가는 출입국·이민 정책을 추진"하겠다고 밝혔다. 뒤이어 3월부터 법무부는 미등록 이주민에 대한 대대적인 정부합동단속을 시작했다. 단속반은 예배 중인 대구의 한 교회에 갑자기 들이닥치거나 인천의 공연장을 급습하는 등 무분별한 단속을 이어나갔다.[38] 곧바로 농촌과 산업현장에서는 일손 부족을 호소하는 불만이 터져나왔다.[39]

무려 42만 명이다. 세종시 인구와 맞먹는 미등록 이주민이 한국에 살고 있다. 어림잡아 국내 이주민의 약 5분의 1에 해당한다. 정부는 이들을 "불법체류자"로 규정한다. 법

연도	2019	2020	2021	2022	2023
인원(명)	390,281	392,196	388,700	411,270	423,675

〈표 2-5〉 국내 미등록 이주민 체류 현황

규를 어긴 범죄자라는 것이다. 일반 시민들의 시선도 다르지 않다. 언론이 묘사하는 불법체류자는 마약과 성매매를 일삼거나 길거리에서 패싸움을 벌이는 조직폭력배일 뿐이다. 그런데 미등록 이주민이 그런 존재일까? 그들은 추방시켜야 할 범죄자들일까?

누가 미등록 이주민이고 이들은 어떻게 국내에 들어오게 된 걸까? 최근의 조사에 따르면 무비자 입국제도를 통해서 들어온 경우가 가장 많은 것으로 추정된다. 2022년 현재 사증면제로 들어온 미등록 이주민의 비율은 약 40퍼센트가량이다. 이 제도를 통해 가장 많이 들어온 국적자가 태국인인 걸 감안하면 미등록 이주민 가운데 가장 많은 수는 태국인일 것으로 추정된다. 단기방문으로 입국하여 미등록이 된 경우가 약 19퍼센트인데 중국인이 가장 높은 비율인 것으로 알려져 있다. 다음으로 고용허가제, 즉 비전문인력 취업자가 미등록 가운데 13퍼센트를 차지한다(〈표 2-5〉).[40]

기업의 유인과 정부의 방치

이들이 모두 범죄자라면 왜 40만 명이 되도록 정부는 아무 일도 하지 않은 것일까? 아니라면 일부러 방치해온 것일까? 이 질문에 답하기 위해서는 이들은 왜 한국에 '불법'을 무릅쓰고 머무르고 있는지부터 생각해야 한다. 다수의 연구는 미등록 이주민들이 대부분 취업을 목적으로 체류하고 있다고 추정한다. 돈을 벌기 위해서다. 우리는 동남아시아인들이 한국에서 더 많은 돈을 벌 수 있기 때문에 이주한다고 쉽게 가정한다. 반만 맞는 얘기다. 이들이 일하기 위해서는 이들에 대한 시장의 수요가 반드시 있어야 한다. 취직할 곳이 없다면 물가 높은 한국에서 굳이 머물 필요가 없다. 많은 수의 미등록 이주민이 있다는 것은 이들을 고용하는 고용주가 많다는 뜻이다. 이주노동자에 대한 높은 국내 시장 수요가 미등록 이주민 수를 증가시켜온 직접적인 원인이다. 특히 저임금, 저숙련, 그리고 높은 노동강도를 지닌 제조업, 건설업, 농업 같은 산업에서의 만성적인 인력 부족이 이들을 끌어들이고 있다.

이들 산업이 계속해서 미등록 이주민을 고용하는 이유는 고용허가제나 방문취업제 등으로 들어오는 등록 이주노동자로는 인력 수급이 충분하지 않기 때문이다. 그래서 미등록 이주민의 규모는 등록 이주노동자의 규모와 관련성이 있다. 실제로 등록 이주노동자의 규모가 많지 않았던 2000

년대 초반까지 미등록 이주민의 수는 30만 명까지 치솟았지만, 이후 고용허가제, 방문취업제 등을 통해 등록 이주노동자가 증가하면서 2010년대 후반까지 미등록의 규모는 20만 명 선으로 유지되었고 전체 이주민 대비 비율은 계속 감소했다.[41] 미등록 이주민의 문제는 들어오는 사람의 문제라기보다는 국내 노동시장과 이민정책의 문제라는 사실은 분명하다. 그리고 일부 고용주들이 싼 임금으로 사용할 수 있고 고용하기 쉽다는 이유로 등록 이주민보다 미등록 이주민을 선호한다는 점은 미등록 이주노동자의 수요가 계속 유지되는 또 다른 이유다.

따라서 정부가 미등록 이주민을 사실상 방치하는 이유는 국내 노동시장의 수요 때문이다. 40만 명을 쫓아내면 무슨 일이 벌어지겠는가? 많은 공장과 농촌은 당장 일할 사람이 없어서 멈춰서게 될 것이다. 이걸 잘 알고 있는 정부가 벌이는 불법체류자 단속은 정치적인 제스처에 불과하다. 여론이 악화되거나 정치적 시선을 돌릴 필요가 있을 때만 정부는 부정기적으로 단속을 강화한다. 게다가 언론과 시민사회에서 계속 지적해왔듯이 미등록 이주민이 증가한 데는 정부의 잘못된 이민정책에 큰 책임이 있다. 기본적으로 저숙련 노동인력의 장기 거주를 허용하지 않는 기조를 유지하는 이민정책은 필연적으로 미등록을 양산할 수밖에 없다. 특히 사업장 이동을 제한하는 고용허가제에서 이주노동자가 사업주의 차별, 폭력, 혹은 임금체불에 맞서기 위해서는 위험을 감수하고 사업장을 이탈하거나 고국으로 돌아가야 한다. 즉 계속해서 돈을 벌려면 미등록 이주민이 되어야 하는 것이다. 게다가 고용주 입장에서도 교육과 훈련을 시켜 업무에 익숙해지면 귀국해야 하는 '합법' 이주노동자보다는, 역설적으로 장기간 고용할 수 있는 '불법' 이주노동자 고용이 더 합리적일 수 있다. 다시 강조하지만 미등록 이주민이 많은 이유는 이주민의 탓이 아니라 저임금, 저숙련 노동시장의 인력 부족과 정부의 이민정책 때문이다.

이러한 이유 때문에 UN 등 국제기구는 '불법체류자'라는 말을 사용하지 말 것을 권고해왔다. 이들은 법을 위반한 범죄자가 아니라 체류 '자격'을 갖추지 못한 것이기 때문에 '미등록'이라는 보다 중립적인 용어를 사용해야 한다는 것이다. 여기에는 미등록 이주민의 발생이 전적으로 개인의 결정으로 보아서는 안 되며 사회적 맥락을 고려해야 한다는 인식이 자리한다. 하지만 아직도 우리 정부의 공식 명칭은 '불법체류자'다. 그리고 시시때때로 불법체류자 집중단속을 벌이고 있다. 그 이유가 적어도 엄정한 체류질서를 확립하기 위해서가 아님은 분명하다.

2세대 이주민과 2등시민

외면받는 2세대 이주민

2023년 6월 27일 프랑스 낭테르에서 17세의 알제리계 프랑스인 나엘 메르주크Nahel Merzouk가 차를 몰고 가던 중 경찰 검문에 불응하고 도주하다가 경찰의 총격에 사망했다.[42] 이 사건으로 이주민을 포함한 프랑스 시민들은 즉각 전국 각지에서 대규모 시위를 벌였다. 이 시위는 한 달 넘게 지속되었고 수천 명이 체포되었다. 2023년의 시위는 프랑스의 뿌리 깊은 인종차별의 현실과 그 참혹한 결과를 다시금 일깨워주는 계기가 되었다. 폭력시위는 이주민을 대상으로 한 경찰의 폭력적인 대응의 연속, 그리고 이주민의 오래된 사회경제적 빈곤이 폭발한 사건이었다.[43]

여기서 주목할 만한 것은 이 시위의 주축이 젊은 세대의 이주민이었다는 점이다. 초기 일주일간의 시위에서 체

126

포된 4,000여 명 가운데 1,200여 명이 미성년자였다고 보도되었고 피해자 역시 미성년자였다.[44] 이민자들은 고국에서의 삶을 뒤돌아보며 현실에 안주하는 성향을 갖지만, 이주국에서 태어나거나 자란 자녀들 혹은 이후 세대들은 어린 시절 경험하게 되는 차별과 빈곤 속에서 내국인을 향한 분노와 좌절을 체화한다. 프랑스 시위에서 보듯이 이주민 자녀세대들은 2등시민으로 전락하기 쉽고, 결국 이들의 분노가 시위와 폭동으로 이어진 것이다.

이 사건을 바라보는 우리 언론과 학계의 시선은 1차원적이었다. 프랑스의 시위와 같은 사회문제는 이민을 수용하는 나라가 "공통으로 겪는 어려움"으로 치부하면서, 한국인들이 이주민을 "우리와 함께 살아갈 사람이라고 포용할 결심"을 하는 인식 개선이 필요하며, 아울러 효율적인 이민정책을 고민해야 한다고 진단했다.[45] 정작 프랑스 시위의 중요한 배경인 이주민의 빈곤과 배제, 그리고 2세대의 좌절과 분노를 지적한 언론과 학자는 눈에 띄지 않는다.

제도적으로 삭제된 2세대

우리의 이민정책이 이주민의 정착을 도외시하는 증거 가운데 하나는 이주민 자녀세대 정책이 없다는 점이다. 이들은 2세대 이주민2nd generation migrants[46]이라고 불린다. 자녀세대는 부모세대와 마찬가지로 이주민으로서 취약한 특징을 가지고 있기 때문이다. 2세대 이주민은 이민정책은 물론 이민연구에서도 중요한 대상이다. 왜냐하면 이주민이 새로운 나라에서 가정을 이루고 자녀세대가 대를 이어 사회에 안착했을 때 그 이주민 집단이 비로소 사회에 통합되었다고 여길 수 있기 때문이다. 그래서 다른 이민국가에서는 2세대 이주민의 사회 적응을 그 이주민 집단의 성공적인 정착을 가늠하는 주요 잣대로 삼고, 이들의 성공적인 적응과 발달을 위한 다양한 정책을 시행한다.

그러나 우리 정부는 최근까지도 2세대 이주민을 사실상 방치했다. 이를 상징적으로 보여주는 건, 2세대 이주민을 지칭하는 공식 용어조차 없었다는 점이다.[47] '외국인 자녀', '탈북민 청소년', '이주 아동', '이주배경 청소년', '중도입국 청소년', '다문화 가족 아동·청소년' 등 정부, 시민사회 단체, 학계, 그리고 언론은 제각각 다른 이름으로 이들을 가리켜왔다. 더 큰 문제는 사안에 따라 혹은 집단에 따라 이들을 부르는 용어를 달리 해왔다는 점이다.[48] 그로 인해 2세대 이주민을 전체적으로 이해하거나 통합적으로 지원·관리하려는 시도는 전무할 수밖에 없었다. 게다가 정부는 2세대 이주민에 대한 제대로 된 실태조사를 하지 않아서 이들의 정확한 유형과 규모도 모르고 있다.[49]

우리는 2세대 이주민이라고 하면 다문화 자녀, 즉 한국인과 외국인이 혼인한 가정('다문화 가정')의 자녀만을 떠

구분		규모(단위: 명, %)
국내 출생 국제결혼 가정 자녀		234,180(42.8)
국외 출생 국제결혼 가정 자녀	귀화자	12,775(2.3)
	외국 국적자	2,742(0.5)
외국인 가정 자녀	등록외국인	253,320(46.3)
	불법체류 외국인	41,810(7.6)
북한 출생 탈북 배경 아동·청소년		2,604(0.5)
계		547,431(100.0)

〈표 2-6〉 만24세 이하 2세대 이주민 규모 추정치(2019년)

올릴 것이다. 한 연구에 따르면, 2018년 만 24세 이하 2세대 이주민 인구는 약 55만 명으로 추산된다(〈표 2-6〉).[50] 그런데 이 가운데 다문화 자녀는 43퍼센트인 23만 명에 불과하다. 나머지는 미등록 이주민을 포함하여 이주민만으로 이루어진 가정의 자녀, 해외에서 태어난 다문화 가정의 자녀, 해외에서 출생한 탈북민의 자녀 등이 여기에 속한다. 정부는 오직 다문화 가정 국내 출생 자녀에 대해서만 다문화가족지원법에 근거하여 지원해왔다.[51] 결국 정부는 물론 우리도 나머지 57퍼센트의 2세대 이주민을 사실상 없는 사람으로 취급해왔다. 절반 이상의 2세대 이주민은 다문화정책의 밖에 놓여 있던 셈이다.[52]

다행히도 2세대 이주민은 체류자격과 관계없이 공교육에 편입되어 교육을 받을 수 있고, 영유아 예방접종과 같은 기본적인 의료혜택도 받을 수 있다. 특히 다문화 가정 자녀는 정부의 나문화 가정 지원사업을 통해 다양한 지원을 받을 수도 있다. 그러나 다문화 가정 자녀를 비롯한 2세대 이주민 아동과 청소년이 학교에서 동등한 대우를 받고 내국인 학생과 어울려 성장하는지는 여전히 의심스럽다. 다문화 가정 자녀만을 대상으로 조사한 연구에 따르면, 이들은 내국인 학생보다 학업을 중도에 중단하는 비율이 높고, 대학 진학률은 41퍼센트에 불과해 내국인 72퍼센트와 비교했을 때 무려 30퍼센트 포인트나 낮다.[53] 또한 내국인 학생보다 더 높은 비율로 학교폭력을 경험하고, 자살을 생각하거나 시도한 비율도 높다.[54] 2018년 한 다문화 자녀 중학생이 아파트 옥상에서 또래 학생들에게 폭행을 당하다 추락사한 사고는 그래서 상징적일 수밖에 없다.[55] 나머지 이주민 2세대는 훨씬 열악한 환경에 놓여 있으며, 상당수는 학교에도 다니지 못하고 있는 것으로 추정된다. 일례로 다문화 자녀 중 외국에서 태어나 한국에 입국한 소위 '중도입국 자녀'의 약 절반 이상이 학교에 다니지 않는다고 보고된 바 있다.[56]

2등시민으로 전락하는 2세대

2세대 이주민 중에는 이제 성장해서 성인에 진입하는 인구 비율이 점차 늘어나고 있다. 인구 전망에 따르면 2040년에는 2세대 이주민의 인구가 60만 명에 달할 것이라고 한다.[57] 이민 선진국처럼 이들은 이주민 인구의 주류가 될 것이다. 그러나 이들의 앞날은 그저 어둡기만 하다. 서구의 경우 이주민 2세대는 내국인에 비해 고용률은 낮고 실업률은 높다.[58] 즉 차별은 대물림된다. 우려되는 점은 취업과 진학을 모두 포기하는 인구, 즉 니트(NEET)족의 비율이 내국인보다 높다는 점이다.[59] 다시 말해 이주민 2세대는 빈곤층으로 전락할 위험이 크다는 뜻이다. 국내에서 태어난 2세대 이주민도 마찬가지다. 그나마 사정이 나은 다문화 자녀의 경우도 고등교육 진학률이 내국인에 비해 현저히 낮다. 어려운 가정형편, 사회적 차별, 낮은 학업성취도가 이들의 사회진출을 가로막고 있다. 게다가 다문화라는 낙인은 취업과 사회진출에서 이들의 발목을 잡을 것이다.

다른 2세대 이주민은 훨씬 어려운 위치에 놓여 있다. 이들은 국내 체류 여부마저 불확실하다. 상당수가 한국 국적이 없고, 부모와 동거하기 때문에 체류허가를 받았지만 성인이 된 후에는 독립적인 체류자격을 획득해야 하기 때문이다. 이들은 체류자격을 얻지 못하면 살아본 적 없는 부모의 나라로 쫓겨날 수도 있다. 이들의 불안정한 체류자격은 취업과 진학에 크나큰 장벽으로 작용한다. 많은 이가 실업자로 전락하거나 노동조건이 열악한 일자리를 전전하고 있을 것으로 추정된다.

결국 2세대 이주민이 방치되면 이들은 한국사회의 2등 시민으로 남을 가능성이 높다. 정부가 지금처럼 2세대 이주민의 현실을 외면하고 이들을 위한 정책을 개발하지 않으면 상당수의 이들이 빈곤계층으로 추락하고, 저임금의 열악한 직종에 종사하게 될 것이다. 또한 그 결과로 열악한 주거 환경의 지역에 거주하게 될 것이다. 결국 2023년 프랑스에서 일어난 시위와 같은 일이 발생하지 않을 것이라고 누구도 단언할 수 없을 것이다.

허울뿐인 난민정책과 난민혐오

만연한 난민혐오

우리는 왜 난민을 싫어할까? 2020년 유엔난민기구가 국내한 여론조사 업체에 의뢰하여 실시한 설문조사에서 응답자의 약 53퍼센트가 난민 수용에 반대했다. 이들은 난민을 반대하는 주요한 이유로 정부와 국민의 부담(64퍼센트), 범죄등 사회문제 야기(57퍼센트), 그리고 가짜 난민 유입 가능성(49퍼센트)을 꼽았다(〈표 2-7〉, 〈표 2-8〉).[60] 그렇지만 국내 이주민 가운데 난민은 극소수에 불과하다. 국내 이주민인구는 이미 200만 명을 넘어섰지만, 난민 인정자는 겨우1,000여 명, 이들의 가족이나 난민 신청자 등을 합해도 약3만 명을 넘지 않는다. 전체 이주민 가운데 난민의 비중은고작 1퍼센트 남짓할 뿐이다. 그런데도 우리는 유독 난민들에게는 근거 없는 혐오와 거부감을 거두지 않고 있다.

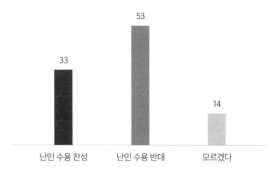

〈표 2-7〉 2020년 난민 수용 의사 설문결과(단위: %)

난민을 반대하는 이유

난민을 수용하는 데 정부나 우리 국민이 감당해야 할 경제적 부담이 큰 것 같아서	64
범죄 등 사회문제를 일으키는 것 같아서	57
난민들이 들어와서 실제로 범죄 같은 사회문제가 심해지는 것 같아서	52
한국에 들어온 난민 중 가짜 난민들이 많은 것 같아서	49
한국의 문화를 존중하지 않고 자신들의 종교나 신념을 고수할 것 같아서	46
정부가 난민들로 인해 발생할 문제를 잘 대처할 것 같지 않아서	46
한국에 들어오는 난민 수가 너무 많은 것 같아서	27
한국 국민들의 일자리를 뺏는 것 같아서	26

〈표 2-8〉 2020년 난민 수용 의사 설문결과(단위: %, 중복 응답)

허울뿐인 난민행정

겉보기에 한국은 아시아에서 모범적으로 인도적인 난민정

책을 편 국가다. 정부는 1992년 유엔 난민협약에 가입했고 2013년에는 아시아에서 최초로 난민심사를 제도화한 난민법을 시행했다. 그러나 겉보기와는 다르게 정부는 가장 차별적인 난민정책을 시행해왔다. 1994년부터 2022년까지 한국 정부의 난민 인정률은 3퍼센트에도 미치지 않는다.[61] 국내에서 난민 지위를 인정받은 사람은 2022년까지 겨우 1,338명밖에 되지 않는다.[62] OECD 37개 회원국의 평균 난민 인정률이 25퍼센트이고 한국은 회원국 가운데 35위에 불과하다는 사실은 시사하는 바가 크다.[63] 3퍼센트의 숫자가 말하는 것은, 정부가 난민이란 그 의도가 의심스러울 뿐만 아니라 한국사회가 받아들일 수 없는 존재라는 인식을 가지고 있었음을 의미한다. 이는 최근 공개된 난민 체류관리 지침에 잘 드러나 있다. 법무부는 시민사회의 요구에도 난민 신청자의 체류관리 및 심사에 관한 지침을 공개하지 않았다. 하지만 2024년 정보공개청구소송을 통해 비로소 공개된 지침은 난민 신청자의 취업 등 자유를 제한하고, 난민 불인정에 따른 항소에 차별을 두고, 출국명령과 구금을 구체적 기준 없이 남용하는 등 난민을 향한 편견을 고스란히 반영하는 내용을 담고 있다.[64]

정부의 차별적인 난민정책과 관행은 단순히 난민 문제에 국한된 것이 아님을 이해해야 한다. 정부 이민정책의 기조가 난민정책에 암묵적으로 반영됐다고 보는 것이 지금의 난민정책을 이해하는 데 도움을 준다. 2021년 한국 정부에 협력한 아프가니스탄인 391명을 법무부는 '특별기여자'로 규정했다. 국제법상 이들은 난민이지만 정부는 애써 이들을 여타 난민과 구별하고 별도의 혜택을 부여했다. 이는 정부의 기준에서 한국사회에 공헌하는 이주민만 우대하고 그렇지 못한 이주민은 수용하지 않는다는 차별적 이민정책의 연장선으로 볼 수 있다. 이러한 정부의 정책 기조를 바꾸지 않은 상태에서 난민정책이 제대로 작동하리라 기대하거나 올바른 방향으로 개혁되리라 전망하는 것은 현실성이 낮을 수밖에 없다.

정부뿐만 아니라 일반 시민들 역시 마찬가지다. 2018년 무사증 제도로 제주도에 입국한 500여 명의 예멘 난민을 상기해보자. 당시 이슬람교도에 대한 인종적 편견을 앞세워 이들을 범죄자나 가짜 난민으로 몰아세우고 난민 수용에 반대했다. 당시 난민법 폐지 등을 주장하는 국민청원에 70만 명이 넘는 시민이 참여했다.[65] 이러한 광기 어린 혐오는 난민에 국한된 것이 아니라 이주민 전체를 겨누고 있다. 이슬람 혐오를 앞세워 이슬람 사원 건립을 막아선 사례나, 코로나19가 확산할 때 중국인과 중국동포에게 쏟아진 혐오를 떠올려보자. 사실 우리는 유독 난민 수용을 반대한 것이 아니라 오랫동안 이주민에게 가했던 인종차별을 난민에게 똑같이 반복하고 있던 것이다.

시혜적 태도의 허구성

시민사회나 비판적인 언론들은 선진국의 반열에 오른 국가의 시민으로서 난민을 포용하는 태도를 보여야 한국이 보편적인 인권 국가로서 국제적인 위상을 높일 수 있다고 역설한다. 그리고 일제강점기와 한국전쟁을 겪으며 타국으로 이주해야만 했던 우리 조상의 과거를 상기시킨다. 그러나 이런 시혜적인 논리만으로는 충분하지 않다. 이러한 관점은 우리가 난민 수용에 반대했던 이유가 그저 국제정세나 다른 나라에 대한 이해가 부족했기 때문이라고 자신에게 면죄부를 주는 것일지도 모른다.

요즈음 TV 예능에서 콩고 출신의 남매 조나단과 파트리샤가 단연 화제다. 이들은 특유의 긍정적인 성격과 톡톡튀는 예능감으로 시청자들을 사로잡고 있다. 하지만 이들남매의 아버지가 3퍼센트도 되지 않는 확률을 뚫고 한국에서 난민 지위를 인정받은 극소수의 난민 인정자 중 한 명이라는 사실은 잘 알려지지 않았다. 아버지가 난민 지위를 인정받지 못했다면 아마도 남매는 지금의 위치에 있지 못했을 것이다. 이들 가족이 가짜 난민이고, 잠재적인 범죄자이며, 정부의 예산을 축내고 있는가? 오히려 이들이 우리 사회에 다양한 활력을 주고 있지는 않은가? 정부의 차별적 이민정책과 우리의 인종주의적 편견이 우리 사회의 진보를 가로막는 것은 아닌지 돌아봐야 할 것이다.

너는 한국인이 아니다

만들어진 한민족 신화

현재 한국사회에서 벌어지는 이주민 차별과 혐오 문제를 마주할 때마다 우리가 버릇처럼 되뇌는 논리가 있다. 한국은 역사적으로 단일민족 국가를 유지했기 때문에 다른 민족이나 문화에 배타적인 것은 자연스러운 현상이라는 것이다. 언뜻 이 말은 너무 당연하게 생각되어서 반박의 여지가 없어 보인다. 그러나 정작 우리는 지금 여기에서 같은 민족을 혐오하고 차별하고 있다는 사실은 잊어버리고 있다. 재외동포 이주민은 우리와 같은 언어와 문화, 그리고 핏줄을 공유하고 있지만 우리는 그들을 우리와 다른 존재로 여기고 사회의 일원이 아니라고 단정한다. 그래서 단일민족으로서 한韓민족은 핏줄과 문화로 당연하게 정의되지 않는다. 역사적·정치적으로 만들어진 임의적인 구분일 뿐이다.

재외동포의 역사는 우리 민족 역시 이주민이었음을 상기시킨다. 19세기 말부터 우리 선조들은 구한말의 빈곤과 불안정한 정세를 피해 해외 이주를 시작했다.[66] 당시 조선과 지리적으로 가까웠던 중국과 러시아는 물론 미국의 하와이와 멕시코, 그리고 멀리 쿠바에 이르기까지 한인들은 생존을 위해 조선의 국경을 넘었다. 하와이만 해도 사탕수수 경작을 위한 노동자로 7,000명이 넘는 한인 노동자가 이주했다고 전해진다.[67] 이후 일제강점기는 한인들이 본격적으로 해외 이주를 한 시기였다. 일제의 강압적인 통치와 토지 및 식량 약탈을 견디지 못한 한인들은 만주와 일본, 중국 등지로 삶의 터전을 옮겼다. 정확한 수는 알려지지 않았지만, 해방 전 만주에 거주하던 한인은 200만 명 이상이었고, 일본에도 200만 명이 넘는 한인이 거주하고 있었다.[68] 해방이 되면서 많은 한국인이 귀환했지만 상당수는 만주와 일본에 그대로 남았다. 그뿐인가. 한국전쟁 이후에는 고아와 혼혈인, 미군의 배우자들이 뒤를 이었다. 그리고 1960년대 이후에는 독일의 간호사와 광부를 필두로 한인들이 북미와 유럽, 그리고 남미로 떠나갔다. 한 연구에 의하면 20세기 한국인 5명 중의 1명은 이주민이었다.[69]

세계화의 도구인 재외동포

한 세기에 걸친 해외 이주의 결과로 세계 각국에 터를 잡고 세대를 이어가는 한인의 수는 2021년 현재 700만 명을 넘는다.[70] 이들은 우리와 핏줄을 공유하는 한민족이다. 이들은 정도의 차이는 있지만 언어와 문화를 지켜가면서 한국계로서 자부심을 지니고 있다. 하지만 20세기 말까지도 재외동포는 한민족의 일원으로서 전혀 고려되지 않았다. 한민족이라는 동질성은 철저하게 국경 안에서만 통용되었다. 재외동포는 냉전이라는 국제정치적 상황에서 경계와 배제의 대상으로 존재했다.[71] 1960~1970년대 권위주의 정권이 재일동포, 특히 유학생들을 반기기는커녕 간첩으로 의심하고, 체포, 구금한 역사가 이를 방증한다.

재외동포가 한국사회의 새로운 일원으로, 즉 한민족으로 '탄생'한 것은 아이러니하게도 세계화를 위한 도구적인 목적 때문이었다. 김영삼 정부는 세계화를 표방하면서 세계화를 위한 협력과 공존의 대상으로 재외동포를 내세웠다.[72] 정부는 재외동포를 같은 '한민족'으로 정의하면서 이들에 대한 지원과 함께 모국과 동포사회의 상호 협력을 천명하기에 이른다. 그 결과로 김대중 정부는 재외동포법을 제정하면서 재외동포들이 보다 자유롭게 한국에 입국하여 사회경제활동을 할 수 있는 길을 터주게 되었다. 재외동포를 향한 관심은 민족적인 이유가 전혀 아니라 지극히 정치적인 이유로 생겨났다. 이렇게 재외동포 귀환 이주민의 역사는 시작되었다.

그렇지만 모든 재외동포가 한민족으로 인정받은 것은 아니었다. 1999년 최초로 제정된 재외동포법은 동포의 대상을 '대한민국 국적을 보유하였던 자 또는 그 직계비속으로 외국국적을 취득한 자'로 한정하여 대한민국 설립 이전에 이주했던 중국 및 구소련 거주 동포를 제외했다. 이 규정은 정부가 해외동포를 국적에 따라 차별 대우 하겠다는 의도를 은밀히 드러냈다. 서구의 재외동포만이 세계화의 동반자로 그리고 한민족의 일원으로 인정되었고, 중국 및 구소련 출신 재외동포에 비해 자유로운 출입국과 체류 활동이 허용되었다. 비록 2004년 헌법재판소가 헌법불합치 결정을 내리면서 중국 및 구소련 동포들도 재외동포에 포함되었지만 출신국에 따른 정부와 사회의 차별은 지속되었다.

차등화된 동포 차별

1990년대 초 중국과 러시아와의 외교 관계 정상화로 중국과 구소련의 재외동포들은 입국이 자유로워졌다. 그 가운데에서도 다수의 중국동포들은 재외동포법 제정 이전부터 노동력이 부족한 단순노무 분야에서 저임금 노동자로 일하고 있었다. 이 같은 현실에서 정부는 중국과 구소련 출

연도	2019	2020	2021	2022	2023
인원(명)	878,439	811,211	778,670	804,976	848,724

〈표 2-9〉 재외동포 체류현황(귀화자 제외)

신 재외동포를 세계화 시대의 민족적 동반자가 아니라, 외국인 노동자와 같은 값싼 '외국인' 노동인력으로 간주했다. 기존 재외동포법은 단순노무직종의 취업을 불허했지만, 한국어를 할 수 있는 값싼 노동력이 필요했던 정부는 2007년 중국 및 구소련 출신 재외동포에게 단순노무업종의 취업을 허용하는 방문취업제를 시행한다. 이 제도는 겉으로는 비서구권 재외동포들에 대한 차별을 시정하는 목적으로 알려졌지만, 실제로는 중국 및 구소련 출신 재외동포를 저가 노동력으로 계속해서 활용하기 위한 정책이었다.

이주민이라고 하면 우리는 대부분 민족과 문화가 다른 사람들을 상상하지만, 사실 국내 거주 이주민의 약 3분의 1은 귀환 재외동포다. 이들 중 약 77퍼센트는 중국 출신이며, 구소련(우즈베키스탄, 러시아, 카자흐스탄 등) 출신도 약 13퍼센트, 미국 출신도 약 6퍼센트에 이른다. 중국과 구소련 출신 재외동포는 국내에서 사실상 같은 민족의 일원으로 인정받고 있지 않다. 정부와 시민에게 이들은 그저 외국인 노동자일 뿐이다. 게다가 중국동포는 때때로 외국인보다 못한 혐오의 대상이 되었다. 서구 출신 재외동포는 국내에서 이들보다는 나은 대접을 받는다. 그렇지만 이들도 우리의 일원으로 자연스럽게 받아들여지는 것은 아니다. 그들은 때로는 '검은 머리 외국인'으로, 때로는 백인보다 못한 동양인으로 취급받는다.

한민족으로서 재외동포는 우리가 도구적으로 만들어낸 관념일 뿐이다. 재외동포의 역사가 보여주듯 누가 한민족인지는 끊임없이 변해왔기 때문이다. 우리의 이익에 부합하면 같은 민족으로, 그렇지 않으면 외국인으로 배척해왔다. 그래서 민족과 문화는 차별의 원인이 아니라 차별을 정당화하는 수단에 가깝다. 우리가 오랫동안 단일민족이었기 때문에 이주민에 배타적이라는 말은 변명에 지나지 않는다.

한국의 흑인, 중국동포와 인종주의

이민정책이 낳은 동포 차별

한국을 다문화 사회라고 할 때 우리는 다양한 인종과 민족의 이주민을 생각하기 쉽지만, 한국의 이주민 가운데 약 4분의 1을 차지하는 것은 외국인이 아닌 중국동포다. 2023년 현재 한국에 체류하는 중국동포는 약 66만 명이고 한국 국적을 취득한 동포까지 합하면 75만 명 선이다. 중국동포는 다문화 사회의 주요 인구집단이다. 하지만 한국 사람들은 이들을 우리와 같은 동포로 여기지도 않고, 다문화의 구성원으로 인정하지도 않는다. 오히려 많은 사람은 이들을 우리와 공존할 수 없는, 더럽고 위험하고 열등한 집단으로 생각한다. 이런 한국인들의 인종주의적 관념은 2017년 개봉했던 영화 〈청년경찰〉과 〈범죄도시 1〉에 잘 묘사되어 있다. 영화에서 중국동포와 이들의 지역공동체(〈청년경찰〉에

연도	2019	2020	2021	2022	2023
인원(명)	719,269	662,845	628,491	626,729	656,142

〈표 2-10〉 중국동포 체류현황(귀화자 제외)

서 대림동, 〈범죄도시 1〉에서 가리봉동)는 마치 미국 영화에서 전형적으로 등장하는 흑인 갱단과 흑인 주거지(게토)의 이미지와 너무나 흡사하다. 한국사회에서 중국동포는 미국 사회의 흑인과 동일한 이미지로 취급받는다.

중국동포, 그리고 중국동포 공동체를 향한 우리의 부정적 인식은 어디에서 비롯된 것일까? 이는 단순히 개인의 편견이나 경험에서 생겨난 것이 아니다. 중국동포 혐오는 지극히 인종주의적이다. 우리는 동포 개인을 비난하는 것이 아니라 집단 전체("조선족은 원래 그래") 혹은 이들의 고정된 속성("중국인이라서", "문화가 원래 그래서")을 문제 삼기 때문이다. 다시 말하자면 집단 전체를 개선될 수 없는, 그래서 차별해야 하는 존재로 인식한다. 앞서 살펴보았듯이 출신지에 따른 차별적 재외동포 정책과 중국과 구소련 출신 재외동포를 단순노무인력으로 적극 활용한 이민정책이 차별적 인식을 형성하는 데 일조했다. 중국동포를 값싼 노동력으로 이용하는 제도가 이들을 그렇게 대해도 좋은 존재로 인식하도록 부추긴 것이다.

145

'흑인'이 된 중국동포

중국동포를 향한 인종주의는 그래서 실제에 기반하지 않는다. 예로 영화 〈청년경찰〉과 〈범죄도시 1〉에서 묘사하듯 중국동포는 범죄자라는 인종주의적 이미지가 있다. 우리는 중국동포 하면 살인, 사기, 혹은 피싱 같은 범죄를 빈번하게 저지르는 집단으로 인식하고 있다. 이러한 관념은 특히 대림동 같은 중국동포 집거지를 우범지로 인식하는 데서도 잘 드러난다. 그러나 실제로 인구당 범죄율을 비교하면 중국동포의 범죄율은 내국인과 비교하여 현저히 낮다.[73] 이러한 사실에도 불구하고 한국사회의 인종주의는 중국동포의 범죄를 과장하거나 확대 해석해 중국동포에 대한 차별을 정당화하고 재생산한다. 한 연구에 따르면 한국의 대중매체는 내국인의 경우 실제 범죄자 수보다 낮은 비율로 범죄를 보도하는 반면, 외국인의 경우는 범죄자 수보다 훨씬 높은 비율로 범죄를 보도한다.[74] 이런 경향은 다른 외국인보다 중국동포의 경우 더욱 높게 나타난다. 연구는 중국동포를 범죄자로 간주하는 사회적 인식은 객관적 사실에 기인하는 것이 아니라, 역으로 인종주의적 인식이 대중매체를 통해 중국동포는 위험한 집단이라는 관념을 하나의 '사실'로서 생산하는 과정을 잘 보여준다.

중국동포에 대한 내국인의 인종주의적 시선을 보여주는 몇 가지 예가 있다. 2010년 이주민과 소수자 집단을 향한 한국인의 사회적 거리감을 조사한 한 연구에 따르면, 응답자들은 재미교포, 결혼이민자, 그리고 탈북자보다 중국동포에 대해 더 거리감을 느낀다고 보고되었다.[75] 중국동포에 대한 거리감은 외국인 노동자에 대한 거리감과 크게 다르지 않았다. 이 결과는 중국동포에 대한 한국인의 인식은 동포보다는 외국인에 가깝다는 점을 잘 보여준다. 이 때문에 중국동포는 사회 여러 영역에서 심각한 차별에 노출되어 있다. 예를 들어 중국동포라는 이유로 이들은 일자리에서 한국인보다 낮은 임금을 받는다.[76] 노동시장뿐 아니라 일상에서도 차별에 노출되어 있다. 2016년에 시행한 조사[77]에서는 중국동포 응답자의 약 63퍼센트가 차별 경험이 있다고 밝혔다.

인종주의 관념은 지금도 계속해서 재생산되고 있다. 이를 보여주는 또 하나의 중요한 예는 2017년 개봉한 영화 〈청년경찰〉에 대한 대림동 거주 중국동포들의 손해배상소송이다. 영화 〈청년경찰〉은 한국 최대의 중국동포 밀집 지역인 서울 영등포구 대림동을 범죄의 소굴로 묘사하고 중국동포를 범죄집단으로 등장시켜 중국동포의 분노를 일으켰다. 1심은 원고의 청구를 기각했지만, 2심은 화해권고 결정을 통해 "영화 제작사가 의도하지 않았더라도 사실과 다른 내용으로 외국인 집단에 대한 부정적 묘사를 했다면 이에 대해 사과할 필요가 있음"을 인정했다. 이 소송은 영화에서 소수자 집단에 대한 혐오 표현이 위법의 소지가 있음을 밝힌 최초의 판결이라는 점에서 의의가 있다. 하지만 1심의 판결을 들여다본다면 사법부, 나아가 한국사회가 인종주의에 대해 얼마나 무지한지 잘 나타난다. 1심의 주요한 기각 사유 가운데 하나는 영화의 혐오 표현이 제작자의 '의도'가 아니었고, 영화 내용도 중국동포 '집단'을 부정적으로 묘사하지는 않았다는 것이다. 즉 혐오 표현의 생산이 개인의 의도에 국한되고 표현 역시 중국동포 개인의 묘사에 국한되었기 때문에 혐오 표현이 아니라는 것이다. 1심 법원의 판단은 중국동포에 대한 영화의 혐오 표현이 사회의 구조적 표현 양식, 즉 인종주의적 요소가 존재하며 인종주의적 혐오 표현은 개인의 의도를 넘어서 사회 구조적인 문제라는 점을 무시하고 있다. 법원의 이런 인식은 중국동포를 향한 인종주의를 외면하는 한국사회를 반영한다.

차별과 공동체의 위기

인종주의는 중국동포를 우리와 공존할 수 없는 집단으로 인식하도록 만듦으로써 혐오를 생산한다. 가장 극적인 예는 코로나19 바이러스 대유행(2020~2022년)이었다. 유행의 초기 바이러스의 진원지가 중국이라는 이유로 중국동포와 이들의 지역사회는 바이러스 전파의 매개체로 인식되었다. 일반인 사이에서 인종주의적 혐오가 회자되는 것을 넘어서 주류 미디어도 가세해 끊임없이 혐오를 유통했다. 인종주의가 그러하듯 이러한 혐오가 사실에 기반을 둔 것이 아니었다는 점은 곧 밝혀졌지만, 인종주의의 그림자는 여전히 대유행의 기저에서 차별을 강화했다.[78]

한국사회에서 중국동포 혹은 외국인에 대한 차별과 인종주의를 철폐하자는 목소리는 거의 들리지 않았다. 게다가 한국사회에 구조적 인종주의와 인종차별이 존재한다고 믿는 사람은 많지 않다. 그러나 이미 2018년 유엔 인종차별철폐위원회는 한국 정부에 "인종차별 정서가 심해지는 대한민국의 국가적 위기 상황에 대해 경고"한 바 있다. 우리가 인정해야 할 것은, 한국사회는 이미 인종주의가 사회 깊숙이 자리 잡고 있으며 중국동포는 그 주요한 표적이라는 점이다. 무지가 인종주의를 부추키고 있다.

동포도 난민도 이주민도 아닌

배제된 이주민, 탈북민

정부의 정책과 대학의 연구에서 가장 소외된 이주민은 누구일까. 바로 탈북민(북한 이탈 주민)이다. 탈북민이 이주민이라고 주장하면 의아하게 생각할 이들이 많을 것이다. 하지만 탈북민만큼 이주민의 범주에 잘 들어맞는 집단도 없다. 이주민인데 그렇게 간주하지 않는 이유는 역설적이게도 남북 분단에 있다.

탈북민은 한국사회에서 이미 상당한 규모의 인구집단이 되었다. 남북하나재단에 따르면 2023년 현재 국내 거주 탈북민은 약 3만 명 정도다.[79] 이 중 여성의 비율이 약 75퍼센트로 여성이 다수를 이룬다. 한국에 입국하는 탈북민은 2009년 한 해 2,914명을 정점으로 계속 감소하는 추세에 있고, 코로나19 대유행 기간 급격히 감소해 2023년은 196

연도	2019	2020	2021	2022	2023
인원(명)	28,652	29,400	29,880	30,281	30,866

〈표 2-11〉 탈북민 국내 거주 현황

명에 그쳤다(〈표 2-11〉).[80]

정부에서 탈북민을 이주민으로 간주하지 않는 이유는 남한과 북한이 특수관계에 있기 때문이다. 법적으로 남북은 서로 다른 국가와 민족이 아니라 일시적으로 분단되어 있는 하나의 민족국가다.[81] 대한민국 헌법은 북한을 포함한 한반도 전체를 영토로 정의하고 있으며 북한에 거주하는 북한 주민 역시 대한민국의 국민으로 간주한다. 이런 특수한 분단 상황 때문에 탈북민은 다른 이주민과 구별되어 대한민국의 '국민'으로 인정된다. 즉 법적인 의미에서 탈북민은 이주민도, 난민도, 동포도 아니다.

정치화된 탈북민의 비국민화

이주민으로 간주되지 않은 탈북민은 한국사회에서 철저하게 정치적 이용 대상일 뿐이었다. 과거 탈북민은 적이었던 사람이 복종한다는 의미의 '귀순자'로 오랫동안 불렸다. 오랜 냉전 기간 이들은 북한 정권에 대한 남한 정권의 체제 우위를 선전하기 위한 도구였다. 현재까지도 이 같은 도구화는 언론에서 탈북민을 묘사하는 지배적인 프레임으로 작동되어왔다. 채널A의 〈이제 만나러 갑니다〉와 같은 탈북민 예능프로그램은 북한 체제의 열등함을 선전하는 도구로 탈북민을 활용하고, 동시에 탈북민 역시 남한 주민보다 못한 존재로 인종화하는 데 크게 기여했다.

동시에 정부는 냉전의 정치적 대상으로서 탈북민을 체제 우위의 상징이자 잠재적인 간첩이며 의심의 대상으로 취급한다. 북한이탈주민지원법은 탈북민이 "대한민국의 자유민주적 법질서에 적응"하도록 노력해야 한다고 명시하고 있다.[82] 즉 탈북민은 자유민주주의를 수용할 필요가 있는 반체제인사로 간주된다. 이에 따라 한국사회로 이주한 탈북민은 합동신문센터(현 북한이탈주민보호센터)에서 반구금상태로 최장 90일(예전에는 180일) 동안 조사를 받아야 한다. 이후에는 하나원(공식 명칭은 북한이탈주민 정착지원사무소)에서 3개월간 정착 교육의 명목으로 외부로부터 격리된다. 그리고 입국 후 5년 동안 '신변 보호'를 명목으로 경찰의 감시를 받는다. 이 모든 절차는 법적으로는 대한민국 국민이지만 실제로 반反국민으로 취급해온 정부의 시각을 그대로 드러낸다.

정부가 주도한 탈북민의 체제 선전 도구화와 반체제인사화는 탈북민을 반국민으로서 인종화했다. 한 국책연구기관이 2023년 실시한 조사에서 응답자 가운데 탈북민을 국민으로 받아들일 수 없다는 비율은 약 16.5퍼센트로, 외국인 이민자·노동자의 7.2퍼센트보다 훨씬 높았다.[83] 외국인보다도 한국인이 될 수 없는 존재로 인식한 것이다. 또한 한 언론사가 2019년 내국인을 대상으로 실시한 설문조사에서 응답자는 탈북민을 이웃으로 받아들이지 않는 것으로 나타났다. "탈북민이 방을 월세로 계약하러 왔다면" "바로 계약하지 않고 한 번 더 고려해보겠다"고 답한 응답자가 약 40퍼센트, 병원의 의사가 탈북민일 경우 옮기겠다고 응답한 비율이 약 26퍼센트로 보고되었다. 아울러 사위나 며느리로 탈북민을 받겠다는 비율은 약 9퍼센트에 그쳤다.[84]

한국사회에서 비국민으로 인종화된 탈북민은 사회의 극심한 차별에 노출되어 있다. 남북하나재단이 2023년 탈북민을 대상으로 실시한 조사에서 평균 임금은 일반 국민의 82퍼센트에 불과한 246만 원 정도로 나타났고, 응답자의 약 48퍼센트가 단순노무와 서비스 직종에서 근무하고 있다.[85] 이 같은 노동시장의 차별은 빈곤으로 이어진다. 국회입법조사처의 보고서에 따르면 2020년 현재 탈북민 가운데 생계급여를 받는 기초생활수급자가 약 7,700명에 달한다.[86] 국내 탈북민이 약 3만 명 수준인 것을 감안하면(생계급여자 비율이 약 24퍼센트) 한국사회 어느 집단보다 심각한 빈곤 상태에 놓여 있는 것이다.

한국에서 차별과 빈곤의 늪에 빠져 있는 탈북민의 현실을 반영하는 현상이 제3국 망명이다. 국내에 입국한 상당수의 탈북민이 제3국으로 재차 망명하는 것으로 알려져 있다.[87] 하지만 정부나 학계 누구도 현황에 대해 조사하지 않았다. 한 언론이 10여 년 전인 2011년 현재 제3국에 거주하는 탈북민의 수를 약 2,600여 명으로 추산했을 뿐이다. 게다가 이 가운데 한국에 거주하다가 출국한 탈북민의 수가 얼마인지는 더더욱 알지 못한다. 그 원인에 대해서도 충분한 연구와 조사는 이루어지지 않았다. 다만 몇몇 언론 보도를 통해 한국사회의 극심한 차별과 빈곤이 제3국 이주의 주요 원인임을 언급하고 있을 뿐이다.[88]

정부가 탈북민을 국민을 가장한 비국민으로 취급한 결과는 '2등국민화'였다.[89] 한민족의 국민으로 취급받지도 못하고, 이주민처럼 사회통합의 대상도 되지 못한 결과다. 그래서 탈북민을 이주민의 범주에 포함시켜야 한다는 주장이 설득력을 얻는다. 정확히는, 출신국의 보호를 받을 수 없고 출신국에서 박해를 받을 가능성이 높은, 난민의 범주에 포함된다. 그리고 북한 출신이라는 이유로, 언어의 억양을 이유로, 내국인과 사실상 구별되기 때문에 이주민으로 구분되어야 한다. 탈북민이 한국사회에서 경험하는 어려움과 차별은 단지 가난하거나 학력이 낮아서 생기는 문제가 아니라, 우리와 다른 이주민(난민)이기 때문이다.[90]

정부와 학계의 몰이해

그러나 이주민 이슈를 다루는 정부와 학계의 가장 기이한 시각 가운데 하나는 탈북민을 이주민으로 전혀 간주하지 않는다는 점이다. 내국인과 다른 국적, 문화, 언어, 인종, 민족적 배경을 가지고 있는 인구집단인 이주민은 비록 배경의 종류가 다르더라도 이주한 사회에서 어떤 공통된 특징을 갖게 된다. 예를 들면 이들은 사회에서 적응, 차별, 인종화, 통합과 같은 문제를 공통적으로 경험한다. 따라서 정책을 수립하는 정부나 사회현상을 조사하는 대학의 입장에서 이주민의 범위를 정의하고 이들의 공통된 특성을 파악하는 것은 기본적이고 필수적인 과제에 해당한다.

그러나 정부와 대학은 공통된 특성을 지닌 인구집단으로서 이주민을 생각하기보다는 결혼이주민, 이주노동자, 재외동포, 난민, 탈북민을 별도의 집단으로 다룬다. 이런 관행이 무슨 문제일까 싶지만, 국내 이민정책과 연구에 엄청난 혼란을 야기했다. 예를 들어 설문조사에서 탈북민에 대한 차별은 결혼이주민을 향한 차별과 다른 것으로 간주된다.[91] 이민정책과 이민연구에서 다문화 가족의 범위에 탈북민과 난민은 포함되지 않는다. 그렇지만 차별의 정의상 탈북민과 결혼이주민을 향한 차별은 크게 다르지 않으며, 이주배경가정에 결혼이주민만 포함하는 것은 상식에 맞지 않는다.

그 결과는 탈북민 사회통합정책의 부재다. 물론 탈북민에 대한 정착지원은 다른 이주민과 비교해 많은 편이다. 그렇지만 이주민으로서의 탈북민의 특성을 고려하지 않은 정착지원 정책은 실패했다. 2등국민으로 전락한 탈북민은 재외동포나 결혼이주민보다도 못한 삶을 살아가고 있다. 하지만 정책과 연구는 이러한 현실과 괴리된다. 탈북민의 현실을 고려하고 있지 못하고 있기 때문이다.

역사에서 지워진 이주민

가장 오래된 이주민

우리는 이주민의 국내 유입이 1990년대에서야 본격화되었다고 생각한다. 따라서 다민족 사회니 혐오차별이니 하는 것들은 불과 몇십 년이 안 되는, 최근에 발생한 사회문제일 따름이라고 믿는다. 이런 대다수 생각의 배후에는 이주민을 향한 반감, 혐오, 혹은 차별은 우리가 아직 다민족 사회에 적응하지 못했기 때문에 발생한 일이며 시간이 지나면 자연스럽게 해결될 것이라는 인식이 숨어 있다. 그러나 한국에는 꽤 오래전부터 이주민들이 살아오고 있었고, 이들을 향한 혐오와 차별도 지속되어왔다. 혼혈인들이 그러했고, 지금 얘기할 화교가 그러하다. 한국의 이주민 역사는 생각보다 오래되었고 배제와 차별의 역사도 그만큼 오래되었다.

연도	1950	1970	1992	2011
인원(명)	17,443	34,599	24,414	21,381

〈표 2-12〉 국내 화교 거주 현황(언론의 추정치) [92]

'화교' 하면 대개 '중국집'을 곧바로 떠올릴 것이다. 그리고 이연복이나 여경래 같은 화교 출신의 유명 중식 요리사도 생각날 수 있다. 그리고 조금 더 관심 있는 사람이라면 가수 주현미와 배우 하희라처럼 오래전부터 화교 출신 연예인들이 있었다는 사실을 상기할 것이다. 우리의 기억에서 화교는 꽤 오래전부터 우리와 함께 살아왔다. 그렇지만 이들이 다른 분야도 아닌 요식업과 연예계에서만 눈에 띄었던 이유는 무엇일까? 그리고 우리의 직장에서 이들을 볼 수 없었던 이유는 무엇일까?

지속되어온 차별과 배제

화교는 중국 출신의 이주민을 통칭한다. 하지만 이주민 집단으로서 현재 화교의 기원을 정의하기는 어렵다. 근대에 들어와 중국인들이 한반도에 거주하기 시작한 것은 1882년 임오군란 때부터이지만 정치경제적 상황의 부침에 따라 유입와 유출이 반복되었기 때문이다. 대체로 현재 화교의 뿌리는 일제강점기 이후까지 남아 있던 중국 이주민들과 중국내전(1947~1949년) 당시 한국으로 이주한 중국인들로 볼 수 있다.

한국전쟁 이후 지금까지 한국사회에서 화교는 잊힌 이주민 집단이었다. 이들은 국가의 차별 속에서 한국인도 중국인도 아닌 존재로 살아왔다. 해방 이후 대한민국 정부는 1948년 제정된 국적법으로 사실상 이들의 귀화를 가로막았다. 중국이 공산화되고 한국전쟁으로 중국과의 외교관계가 단절되면서 중국으로의 귀환길도 막혔다. 중국공산당에게 패하고 대만으로 옮긴 중화민국이 국내 화교들에게 국적을 부여했지만 한국에 이미 뿌리내렸던 이들은 한국 내 정착을 결정했다. 그렇지만 한국 정부는 최근까지 이들을 철저히 차별해왔다. 1961년 제정된 '외국인토지법'은 외국인의 토지소유권을 박탈했다. 1970년 '외국인토지취득 및 관리에관한법률'은 외국인의 논밭과 임야의 취득을 박탈하고 화교에게 1가구 1주택 1점포의 소유만 허용했다.[93] 경제권을 박탈당하고 국적 취득의 기회조차 막힌 화교들은 취업과 경제활동은 물론, 복지, 교육, 정치 등 거의 모든 영역에서 배제되었다. 이러한 차별 속에서 화교들이 할 수 있었던 경제활동은 요식업 정도가 거의 전부였고, 이들이 귀화할 수 있는 길은 한국인과 혼인하는 수밖에 없었다. 현재 우리가 화교에 대해 가지고 있는 이미지는 사실 우리 사회의 철저한 차별의 결과였던 것이다.

너무 늦었지만 1999년 외국인의 토지소유제한이 해제되고 2000년대 들어서 화교에게 영주권 취득의 기회가 주어졌다.[94] 하지만 여전히 화교는 차별의 역사에서 자유롭지 않다. 특히 젊은 세대들의 경우는 더욱 그렇다. 한국에서 태어나 한국 교육을 받은 사실상의 한국인이지만, 이들은 대만 국적자로서 취업과 경제활동, 복지의 사각지대에 놓여 있다. 영주권이 주어졌지만 귀화는 이들에게 여전히 어려운 장벽으로 남아 있다. 화교들은 한국사회에서 다문화 구성원으로 인정받지도 못하고 한국인이 될 수도 없는 딜레마에 빠져 있는 셈이다.

현재진행형인 차별

다문화 사회를 주창하는 사람들은 한국사회가 오랫동안 단일민족으로 이루어졌고 이주민의 역사가 짧기 때문에 이주민 유입으로 인한 사회문제가 발생한다고 되뇐다. 하지만 화교의 존재는 한국사회가 이미 오래전부터 다민족 사회였음을 보여주며, 오랫동안 이들을 차별해왔다는 사실은 다문화 사회의 담론이 얼마나 근시안적인가를 보여준다. 게다가 지금의 다문화 사회 담론은 여전히 화교를 제외하고 있다. 그 단적인 증거로 정부는 화교 인구의 통계를 집계하지 않는다. 현재에도 화교는 '지워진' 이주민으로 남아 있다.

한국의 게토, 대림동과 이주민 지역공동체

모순의 공간인 이주민 공동체

대림동은 더 이상 서울시 영등포구의 행정구역이 아니다. 국내에 거주하는 중국동포의 거주, 문화, 경제활동의 중심지를 일컫는 하나의 고유명사가 되었다. 우리 사회에서 대림동을 바라보는 시선은 서로 배치되는 두 가지로 나뉜다. 하나는 이국적인 언어와 음식, 문화가 넘쳐나고 이주민들이 활발하게 경제활동을 하고 있는 다문화 사회의 상징으로 바라보는 시선이다. 지자체는 문화 축제를 개최하고 일반인들은 양꼬치를 먹거나 이국적인 정취를 즐기기 위해 이곳을 방문한다.

　이와 반대로 대림동을 더럽고, 전근대적이고, 불량한 이주민들이 모여 사는 위험한 우범지대로 보는 시선이 존재한다. 영화 〈범죄도시 1〉, 〈황해〉, 〈청년경찰〉이 묘사하는 대림동은 무엇보다 칼부림, 살해, 보이스피싱을 일삼는 무서운 '조선족'들이 모여 사는 곳이다. 그래서 사람들은 바로 그 다문화의 폐해로 대림동을 주저 없이 꼽는다. SNS에는 폭행 현장을 보았다거나 여성들은 절대 가면 안 된다는 등 대림동에 관한 온갖 도시 괴담들로 가득 차 있다.

대림동은 한국만의 독특한 현상은 아니다. 세계 곳곳에서 흔히 볼 수 있는 차이나타운이나 미국 LA의 코리아타운처럼 이주민은 흔히 자신들만의 지역공동체를 형성해왔다. 이주민은 낯선 타국에서 자신과 같은 이웃들과 교류하고, 고국의 음식을 먹고, 고국의 문화를 향유할 수 있는 공간이 필요하다. 그리고 이를 위해 고국의 음식과 물건을 사고파는 경제활동이 활발해질 수밖에 없다. 그래서 이주민이 모여 살고 교류할 수 있는 지역이 형성되기 마련이다.

이주민 지역의 게토화

그렇지만 대림동과 같은 지역공동체는 이주민들의 자발적인 의지로만 만들었다고 보기는 어렵다. 이주민이 모여 살게 되는 가장 큰 이유는 선주민이 배척하기 때문이다. 미국만 봐도 차이나타운이 생긴 배경에는 19세기와 20세기에 걸쳐 자행된 중국인을 향한 지속적인 차별과 폭력, 배제가 자리한다.[95] 중국인들은 미국인들과 같은 직업을 구할 수 없었고 같은 동네에 사는 것이 허용되지 않았다. 돈도 직업도 없는 중국계 미국인은 땅값이 싼 동네에 모여 세탁업과 같이 천대받는 일을 하거나 동료들을 위해 싸구려 중국 음식을 팔았다. 수십 년이 흘렀을 때 재미교포들도 마찬가지였다. 주류사회에 취업할 수 없고 백인 동네에 거처를 마련할 수 없는 이들이 세탁업, 음식점, 혹은 식품점을 하면서 코리아타운을 형성했다.

그래서 이민자의 지역공동체는 주류사회에서 자주 경멸의 대상이 되었다. 선주민들 사이에서 더럽고, 위험하고, 낙후된 동네로 인식되고 모두가 방문하기를 꺼린다. 그렇지만 이주민 지역공동체를 향한 이런 부정적 인식은 사실 선주민들이 만들어낸 것이다. 애초에 소득이 적은 이주민들은 낙후된 동네를 찾아갈 수밖에 없었고 돈이 없고 시간이 없어서 동네는 방치될 수밖에 없다. 지방자치단체 역시 이주민 동네의 청소나 복지에 소홀하기 마련이다. 돈을 좀 벌게 된 이주민이 더 좋은 곳을 찾아 떠나면 동네는 더 낙후되며 이러한 상황은 더욱 악화된다.[96] 이를 방치하면 이주민 지역공동체는 '게토'가 되어 이주민과 공동체의 삶을 더욱 어렵게 만든다.

이주민 지역공동체 주민에 대한 이미지 역시 사실에 바탕을 두고 있지 않다. 우리가 대림동의 중국동포가 위험하다고 생각하는 건 흔히 두 가지 이유에서다. 먼저 대림동에 살고 있든 그렇지 않든, 중국동포는 내국인보다 범죄를, 특히 중범죄를 많이 저지른다고 생각한다. 그러나 실제로 이 주민의 범죄율은 내국인보다 낮다. 중범죄만 비교해봐도 마찬가지다. 하지만 언론이 내국인보다 이주민의 범죄를 더 자주 보도하기 때문에 우리가 그렇게 느끼는 것일 뿐이다.[97]

둘째, 우리는 흔히 낙후된 지역은 범죄율이 높다고 생각하기에 대림동의 중국동포가 더 위험하다고 느낄 수 있다. 이렇게 낙후 지역의 주민이 더 범죄를 많이 저지른다는 이론을 '깨진 유리창 이론'broken window theory[98]이라고 한다. 이 이론은 깨진 유리창이나 쓰레기, 혹은 그라피티로 도배된 지역은 그 지역이 무질서하다는 증거이기 때문에 주민들이 더 범죄를 저지른다고 가정한다. 이 이론은 미국의 흑인 거주지역과 같은 이주민 지역공동체를 염두에 두고 있다. 그러나 최근의 많은 연구의 결론은 지역공동체의 환경과 범죄와의 관련성은 없다는 것이다.[99] 결국 대림동의 중국동포가 위험하다는 우리의 걱정은 이들을 향한 혐오가 만들어낸 허상에 지나지 않는다.

대림동의 역사는 사실 저임금 일자리에서 일하는 사람들이 내국인에서 이주민으로 메꿔지는 과정에서 형성되었다. 저임금 노동자로서 그리고 차별받는 소수자로 삶을 영위하기 위한 생활의 중심지인 셈이다. 1990년대 내국인 저임금 공장노동자들의 싸구려 거주지('벌집')가 있었던 가리봉동에 중국동포들이 정착하면서 대림동의 역사가 시작되었다.[100] 이 지역은 영세기업과 인력사무소 등이 많아 저임금 일자리를 구하기 쉬웠고 교통도 편해 금세 중국동포의 집거지가 되었다. 이후 가리봉동이 재개발되고 이들이 인근의 대림동으로 이주하면서 오늘날의 대림동이 형성되기에 이른다. 현재의 '대림동'은 영등포구 대림1~3동에 걸쳐 있는데 대림2동이 중심지다. 2018년 대림2동의 중국동포 인구는 약 1만 명에 달할 정도로 증가한 반면, 내국인은 20년 사이 1만 명가량 감소했다.[101]

차별이 만든 자기비하의 공간

중국동포들에게 대림동은 경제활동을 위해 없어서는 안 될 지역이다. 일자리를 구하거나 사업을 시작하거나 정보를 얻기 위해 대림동을 찾는다. 대림동은 그들이 그리워하는 고향 음식을 먹을 수 있고 외로운 서울 생활을 달래줄 친구를 만날 수 있으며, 친구와 가족의 소식을 들을 수 있는 곳이다.

그러나 대림동에 대한 부정적 이미지는 내국인뿐 아니라 중국동포 자신들을 옭아맨다. 이들은 한국인들이 자신들을 범죄자나 사기꾼으로 여기고 차별한다는 사실을 잘 알고 있다. 적지 않은 수의 중국동포는 그래서 대림동을 어쩔 수 없을 때를 제외하고 방문하길 꺼린다. 그 이유는 영화 속의 '대림동 조선족'처럼 취급받을까 염려되기 때문이다. 나아가 많은 중국동포는 한국사람들이 갖고 있는 위험하고 더러운 조선족의 이미지를 피하기 위해 대림동에서 사람 사귀기를 꺼린다. 무엇보다 한국어가 서툴거나 중국에서 온 지 얼마 되지 않은 사람, 혹은 한국의 생활방식에 서투른 사람들과 교제를 피한다. 이들과 어울리면 자신도 똑같이 '조선족' 취급을 당할까 염려되어서다. 그래서 소수의 중국동포들은 되도록이면 한국 사람들과 교제를 하기도 하고 대림동을 떠나 이사를 가기도 한다.[102]

대림동을 향한 사회의 부정적인 이미지는 거꾸로 중국동포들 자신이 대림동과 자신의 동료들을 꺼리도록 만든다. 중국동포들이 끼리끼리 모여 있으면 도매급으로 넘어가기 때문이다. 한국에서 중국동포는 한국인이 아니다. 한국인이 되기 위해서는 동포인 티를 내지 말고 한국인과 지내야 한다. 나를 만난 중국동포가 한 말이다. 결국 대림동은 경제와 문화의 중심지이기도 하지만 동시에 갈등과 반목의 공간이다. 그 갈등은 내국인이 만들고 있다.

3

글로벌 —— 대한민국

한국계 미국인과 글로벌 인종주의

인종으로서 아시아인

아시아인을 향한 인종주의

1982년 6월 23일, 중국계 미국인인 빈센트 친Vincent Chin은 미국 미시간주 하이랜드 파크Highland Park시의 한 클럽에서 백인 2명에게 폭행당한 후 사망했다. 자동차업체 크라이슬러의 직원이었던 로널드 에번스Ronald Ebens와 마이클 니츠Michael Nitz는 당시 자동차업계 불황과 감원을 일본 탓으로 여겼고, 마침 빈센트를 '일본놈'Jap으로 오인해 달아나는 그를 쫓아가 야구방망이로 그의 머리를 반복해서 때렸다. 살해자의 형량은 고작 각 3,780달러의 벌금과 집행유예에 그쳤다.[1]

2021년 3월 16일, 미국 조지아주 애틀랜타시에서 로버트 애런 롱Robert Aaron Long은 마사지샵과 스파에서 총을 발사해 아시아계 미국인 6명을 포함해 총 8명을 살해했다. 사건 초기 경찰은 범행동기가 혐오범죄가 아닌 '성중독'sex addiction으로 추정된다고 밝히면서 용의자를 옹호하는 듯한 일련의 발언을 해 논란을 불러일으켰다.[2] 미국의 아시아계 미국인을 향한 차별과 혐오는 코로나 대유행 기간에 심각한 수준에 이르렀다. 한 시민단체(Stop AAPI Hate)가 밝힌 바에 의하면 2020년 1월부터 2022년 12월까지 아시아계 미국인Asian and Pacific Islanders을 겨냥한 혐오행위가 1만 1,409건 접수되었다.[3]

애틀랜타 총격 사건은 사망자 가운데 4명이 한국계 미국인으로 알려지면서 우리에게 큰 충격으로 다가왔다. 그리고 연일 이어지는 혐오범죄의 소식은 재미교포를 포함한 아시아계 미국인에 대한 연민과 가해자에 대한 분노로 이어졌다. 하지만 연민과 분노를 넘어 한국의 매체와 공론장에서 아시아계 미국인에 대한 혐오범죄가 왜 발생하고 지속하는지에 대한 진지한 성찰과 분석은 찾아보기 어렵다. 대부분은 가해자의 폭력성에 주목하거나 "트럼피즘, 코로나, 반중 정서"[4] 같은 일시적이고 정치적 요인만을 강조할 뿐이다. 게다가 일부 네티즌들은 가해자 상당수가 흑인이라는 사실을 지적하면서 또 다른 종류의 혐오를 조장하기도 했다.

인종주의는 세계적인 현상이다. 근대 서구 제국주의 국가들이 전 세계에 식민지를 건설하면서 토착민을 지배하고 착취하면서 고안되었고, 현재까지 서구와 제3세계, 백인과

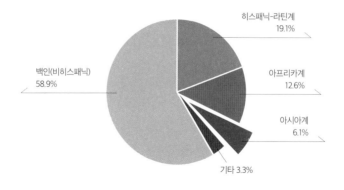

〈표 3-1〉 미국의 인종구성(2022년)[5]

유색인종의 불평등한 세계질서를 뒷받침하고 있는 것이 인종(주의)이다. 대상과 그 전개는 나라마다 다르지만 지배와 착취의 산물이라는 측면에서 해외와 국내의 인종주의는 하나의 맥락으로 이어져 있다. 그러나 유독 한국사회는 자국의 인종주의적 맥락을 무시하면서 미국은 물론 타국의 인종주의 현상을 근시안적으로 바라볼 뿐이다. 우리 안의 인종 현상을 바라보기 위해서는 더 넓은 맥락의 현실을 아울러 이해할 필요가 있다.

　　　열등한 인종이 된 아시아계

그렇다면 우리는 아시아계 미국인에 대한 혐오범죄를 어떻게 이해해야 할까? 아시아계 미국인들에게 2021년 일어난 애틀랜타 총격 사건은 단지 우연히 일어난 일이 아니다. 많은 아시아계 미국인은 약 40년 전의 빈센트 친 살해사건에서 기시감을 느꼈을 것이다. 빈센트 친 사건은 아시아계 미국인에 대한 미국 사회의 '우호적' 시각이 얼마나 허구에 불과했는지를 드러내고 인종차별이 흑인을 넘어 다른 인종역시 겨냥하고 있다는 사실을 일깨운 사건이었다. 애틀랜타 총격 사건과 코로나19 기간 벌어졌던 아시아계 미국인을 향한 혐오와 차별을 이해하려면 미국 사회의 인종 관계에서 아시아계 미국인이 차지하는 역사적·구조적 지위를 이해해야 한다.

미국사회의 인종 관계는 흔히 생각하는 것처럼 백인과 흑인 간의 문제만은 아니다. 아시아계 미국인은 역사적으로 미국의 백인우월주의white supremacy에 기반한 인종질서를 구성하는 중요한 축이었다. 이미 19세기 중반부터 철도 건설과 광산 개발 과정에서 값싼 노동력을 구하기 위해 캘리포니아를 중심으로 중국 이민자들을 대거 불러들였다. 중국 노동자들은 비백인non-white으로서 흑인 노예와 함께 시민권이 부정되고, 생물학적으로 열등한 인종으로 취급받았다. 흑인들이 남북전쟁 이후 형식적으로는 시민권과 참정권을 부여받았다면, 중국 이민자를 비롯한 아시아계는 계속해서 시민권이 거부되었다. 나아가 중국인을 향한 인종주의는 국내적으로는 백인의 일자리를 빼앗고 대외적으로 아시아가 서구에 위협이 된다는 '황화론'黃禍論, Yellow Peril과 결합해 반중감정이 고조되고 혐오와 폭력이 뒤따랐다. 반중국인 운동은 결국 중국인의 이주를 아예 금지하는 중국인 배척법Chinese Exclusion Act of 1882의 제정으로 이어진다. 일본과 같은 다른 아시아인의 이민도 1924년 개정이민법Immigration Act of 1924으로 완전히 금지되었다.[6] 아시아인의 이민 금지는 1943년 이후 점차 폐지되었고 법적으로 아시아계 주민의 시민권도 조금씩 보장되었지만, 문화적으로 이들의 시민권을 부정하는 인종주의는 계속해서 이어지고 있으며 이들은 미국에서 '영원한 이방인'perpetual foreigners으로 낙인찍혀 있다.

아프리카계 미국인과 달리 영원한 이방인으로 인종화된 아시아계 미국인에 대한 가장 충격적인 국가의 인종폭력은 제2차 세계대전 중에 자행된 일본계 미국인의 강제수용이었다. 일본의 진주만 폭격 이후 미국 대통령 프랭클린 루스벨트는 행정명령Executive Order 9066을 발효해 적법한 절차 없이 약 11만 2,000명의 일본계 미국인을 집단수용소로 강제 이주시켰다.[7] 이는 일본계 미국인 집단 전체를 잠재적인 적으로 간주한 결과였다. 그러나 주민 중 7만 명가량이 미국 시민권자였다는 점, 그리고 마찬가지로 적성 국가 출신인 독일 및 이탈리아계 미국인은 극히 소수만이 격리되었던 점을 고려하면 명백하게 인종주의에 기반한 국가의 폭력이었다. 1988년에 이르러서야 미국 정부는 공식적으로 이 조치가 '인종 편견'racial prejudice에 기반한 잘못이었음을 뒤늦게 인정했고 생존자에 대한 보상이 이루어졌다. 하지만 이 사건은 아시아계를 향한 인종주의가 어떻게 국가에 의해 지탱되었는지를 잘 드러낸다.

인종정치의 희생양

20세기 후반 흑인 민권운동의 성장은 1960년대 일련의 민권법Civil Right Acts 제정으로 이어졌고, 마침내 미국에서 제도상 인종차별이 공식적으로 금지되었다. 이와 함께 1960년대 중반부터 미국사회는 아시아계 미국인 혹은 이민자들을 '모범 소수자'model minority로 높이 평가하면서 근면하고 성실하며 교육을 중시하는, 즉 모범적인 민족성을 지닌 집단으로 인식하기 시작했다. 다시 말해 아시아계 미국인은 과거의 인종차별에도 불구하고 미국에서 아메리칸 드림을 실현한 이민자라는 이미지로 선전되었다. 모범 소수자의 이미지는 언뜻 전후 미국사회의 아시아계에 대한 전향적 변화를 상징하는 모습으로 보였다.

그러나 모범 소수자의 '신화'가 탄생한 배경을 살펴보면 그 인종주의적 의도를 쉽게 간파할 수 있다. 이 용어는 1966년 『뉴욕타임스 매거진』The New York Times Magazine에 실린 UC 버클리대학교의 사회학 교수 윌리엄 피터슨

William Peterson의 칼럼에 의해 처음 제시되었다. 그는 일본계 미국인의 경제적 성공을 칭송하면서 그 성공 요인을 흑인과 달리 개인의 노력과 근면을 강조하는 일본계 미국인의 독특한 '외래문화'an alien culture에 기인한다고 주장했다.[8] 이러한 주장을 통해 칼럼은 흑인 등 다른 유색인종의 곤경을, 인종차별을 극복하지 못하는 그들의 그릇된 '문화' 탓으로 돌리는 의도를 함축했다. 나아가 이들이 직면하는 차별의 악영향을 무시하고 이들은 영원한 이방인임을 다시금 확인시켰다. 1960년대 인종차별에 대한 흑인의 저항이 거셌던 사회적 배경에서 탄생한 모범 소수자의 신화는 오히려 유색인종의 저항을 잠재우고 생물학적 인종에 기반한 과거의 인종주의를 문화라는 새로운 논리로 대체한 것에 불과했다.

민권법 이후 새롭게 문화화된 인종주의[9]는 아시아계 미국인을 지렛대 삼아 백인 우위의 인종 위계를 계속해서 합리화하고 정당화하려는 시도로 이해될 수 있다. 얼핏보기에 모범 소수자의 신화는 아시아계 미국인들의 능력과 노력을 칭송하는 것처럼 보인다. 그러나 반대로 이 고정관념은 아시아인이 백인과 비교해 열등한 존재라는 관념을 재생산하는 역할을 해왔다. 미국에서 베스트셀러에 올랐던 책,『호랑이 엄마의 교육전선』Battle Hymn of the Tiger Mother(2011년 출간)이 대표적인 예가 될 것이다. 비록 이 책은 중국계 아시아인의 자서전이지만 인종주의적 편견을 답

습하고 있다. 즉 아시아계 미국인의 상대적으로 높은 교육 수준과 전문직 진출률은 개개인의 능력과 노력으로 인식되기보다는 이 집단의 문화, 특히 권위적이고 강압적인, '전근대적인' 집단 문화의 탓으로 인식된다. 이 때문에 아시아인들은 성실하고 근면하지만, 창의적이지 못하고 리더십이 부족하며 수동적인 인간으로 간주된다.

더욱 중요한 것은 여타 유색인종(특히 흑인)과 아시아계 미국인을 차별화하는 모범 소수자의 고정관념은 유색인종 집단 내의 갈등과 반목을 부추김으로써 인종주의를 유지하는 데 이바지했다는 점이다. 대표적인 예는 한인 이민자와 흑인 주민 간의 갈등이다. 우리는 흔히 1992년에 일어난 LA 폭동에서 흑인과 라틴계 주민의 폭력과 약탈만을 연상한다. 하지만 실제로 한흑 갈등은 1970년대부터 계속됐으며, 모범 소수자 신화의 탄생과 1965년부터 시작된 대규모의 아시아계 이민의 역사와 함께한다. 한흑 갈등을 적절하게 이해하기 위해서는, 흑인을 노력하지 않고 인종차별만을 불평하는 문제를 일으키는 '나쁜' 소수자로, 한인을 비롯한 아시아계 이민자를 성실하고 노력하는 '좋은' 이민자로 끊임없이 대조시켜 갈등을 조장했던 주류 미디어와 정치계의 인종주의적 전략을 반드시 고려해야 한다.[10] 또한 아프리카계 미국인의 경제활동을 끊임없이 좌초시켜온 인종차별의 역사와 함께, 한인 이민자들이 다른 곳이 아닌 아프리카계 거주지에서 자영업을 하면서 흑인과 부득이하게 갈등할 수밖에 없었던 인종격리의 사회경제적 배경을 이해해야 한다.[11] 이러한 인종주의의 역사적 맥락 속에서 우리는 왜 현재 아시아계 미국인에게 인종차별을 가하는 가해자의 상당수가 아프리카계와 라틴계인지 물어야 할 것이다.

한국인도 인종일 뿐

미국 인종주의의 역사와 아시아계 미국인의 인종적 위치를 고려한다면, 애틀랜타 총격 사건이 단지 개인의 일탈로 비롯된 것이 아님을 파악할 수 있다. 그리고 아시아계를 향한 인종차별이 코로나 대유행을 넘어서도 결코 그치지 않을 것을 예상할 수 있다. 우리는 재미교포 감독의 영화 〈미나리〉와 봉준호 감독의 영화 〈기생충〉, 그리고 넷플릭스 시리즈 〈오징어게임〉의 미국 성공과, 배우 윤여정과 영화 기생충의 아카데미상 수상에 열광하며 미국에서 한국을 비롯한 아시아의 달라진 위상에 고무되어 있다. 그렇지만 역설적으로 영화의 성공은 아시아계에 대한 할리우드의 오랜 인종차별을 드러낸다. 스티븐 연Steven Yeun의 아카데미 주연상 후보 지명(영화 〈미나리〉)은 아시아계로서 역사상 최초였다.[12] 이는 미국 영화계를 비롯한 문화예술계가 아시아인에 대한 인종주의적 고정관념으로 이들을 배제해왔다는 사실을 상기시킨다.[13] 또한 골든글러브에서 최우수 '외국어 영화상' 수상으로 인한 논란,[14] 그리고 배우 윤여정이 아카데미상 수상 소감에서 아시아계를 겨냥한 미시차별micro-aggression[15]의 대표적인 형태인 호칭 문제를 언급한 것[16] 등은 영원한 이방인으로서의 아시아계 인종주의와 깊이 연관되어 있다.

우리가 미국의 인종주의에 대해 비판적 시각을 견지해야 하는 이유는 미국의 인종주의가 단순히 그들만의 국내 문제로 치부될 수 없기 때문이다. 미국(그리고 서구)의 인종주의는 아시아(인)는 서구(백인)보다 열등하고, 따라서 영원히 서구가 될 수 없다는 제국주의적 관념에 기초하고 있다. 제국주의와 식민주의의 유산인 인종주의는 여전히 서구 중심적 글로벌 경제와 정치를 통해 전 세계에 영향을 미치고 있다. 한국도 예외는 아니다. 국외에서 한국인은 열등한 아시아 인종으로서 인식되고 국내에서 유사 백인으로서 타 인종을 차별하는 현실은 세계적 인종주의의 유산을 반영하고 있다.

재미교포, 어디에도 속하지 못한 이방인

신화로서의 재미교포

재미교포는 지금 우리 다민족 사회의 거울이다. 1990년대 이전만 하더라도 한국은 이민송출국이었고 미국을 비롯해 독일, 남미, 혹은 일본 등지로 수십만의 한인들이 건너가 이주민이 되었다. 그 가운데 미국은 가장 많은 수의 한인들이 이주한 국가였다. 이들의 역사는 이주민, 그리고 동시에 소수인종으로서 겪은 수난사이기도 하다.

그러나 국내 언론에서 다루는 재미교포는 이주민·인종이 빠진 '강인한 한인'의 서사로 채색되어왔다. 이들은 언어와 문화가 다른 타지에서 밑바닥부터 끈질기게 삶을 일구었고, 마침내 피부색이 다른 현지인에게도 인정받게 되었다. 그 바탕에는 한인들이 지닌 성실함과 근면함이 자리 잡고 있다. 이는 자녀들에게 고스란히 이어져 학교에서 그

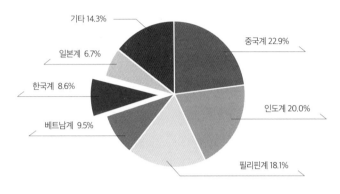

〈표 3-2〉아시아계 미국인의 민족구성(2019년)[17]

리고 사회에서 주류에게 인정받는 당당한 일원이 되었다.[18] 언론이 주목했던 미식축구 선수 하인스 워드나 연방 하원 의원인 앤디 김, 영 김, 미셸 스틸의 사례가 대표적이다. 그러나 이런 재미교포의 이미지는 일부에 불과하다. 실제로 재미교포의 역사는 인종차별의 역사다.

소수인종으로서 재미교포사

1960년대 이전에 하와이와 미국 서부로 이주한 소수의 한국인을 제외한다면, 미국의 한국인 이민사는 1965년 미국이 이민 및 국적법 개정을 통해 아시아 국가에 이민을 개방하면서 시작한다.[19] 한국인의 미국 이주는 1980년대 후반까지 계속 증가했다. 1970년대에는 한 해 평균 약 3만 명이 미국으로 향했다. 1990년대 이후 이민자 수는 감소했지만, 2019년 현재 한국계 미국인의 수는 약 190만 명에 달한다.[20] 한국계 미국인은 아시아계 미국인 집단 가운데 중국계, 인도계, 필리핀계, 그리고 베트남계에 이어 다섯 번째로 큰 집단에 속한다.

재미교포 성공 스토리의 배경에는 근면, 성실 같은 문화적 특징보다는 다른 이주민에 비해 상대적으로 높은 학력을 가지고 있던 한인 이민자의 특성이 작용했다. 한국인 이민자의 상당수는, 특히 이민 초기의 경우 고등교육을 받은 중산층 배경을 가지고 있었다.[21] 1960~1970년대 한국은 고등교육기관 졸업자가 급격히 증가하고 있었지만 당시 경제는 이들을 모두 고용할 만큼 산업 발전이 빠르게 이루어지지 못했다. 이 때문에 고학력 인재들이 일자리를 찾지 못하는 불균형을 겪고 있었다.[22] 반면 미국 경제는 당시 서비스업 및 기술 지향적 산업으로 구조조정을 하고 있던 시기여서 고학력의 숙련 노동력에 대한 수요가 증가하고 있었다.[23] 1965년에 아시아 국가에 이민을 개방한 이민법 개정에는 미국 경제의 인력 부족이 하나의 요인으로 작용했다.

하지만 한인 이민자들은 높은 학력을 지녔음에도 대부분 좋은 일자리를 구할 수 없었다. 언어와 문화 외에도 인종차별의 장벽이 이들의 취업을 가로막았다. 언론에서 많이 다루었듯, 재미교포 다수가 세탁소나 식료품점과 같은 소규모 자영업small business을 할 수밖에 없었던 이유가 여기에 있다.[24] 그리고 식료품점은 전통적으로 이주민의 일자리로, 세탁업은 전형적으로 아시아인의 일자리로 취급되었던 미국 사회의 인종주의적 인식이 한인들이 비교적 수월하게 일을 할 수 있었던 배경으로 작용했다.

한인들은 로스앤젤레스나 뉴욕과 같은 전통적으로 이민자들이 선호하는 지역에 정착해서 주로 한국인이나 미국 저소득층을 상대로 영업을 해왔다. 한국계 이민자들의 높은 학력과 상대적으로 나은 경제 수준이 이들의 사업 성공에 기여했다.[25] 하지만 이들 1세대 한국인 이민자들은 미국 주류사회로부터 경제적·문화적·공간적으로 분리되어 동화되지 못한 채 살아왔다. 로스앤젤레스와 뉴욕, 혹은 시카고의 코리아타운은 한인 이민자의 노력으로 일구어졌지만 기실 미국 사회의 차별과 배제의 결과이기도 했다.

세대를 넘어선 차별

1세대 이민자들과는 달리, 이들의 자녀들은 미국의 주류사회에 빠르게 진입했다. 부모의 높은 교육 수준과 특유의 교육열이 큰 도움이 되었다. 2세대 한국계 미국인의 대학 졸업률은 미국 백인을 앞선다.[26] 이들은 높은 대학 졸업률에 힘입어 상당수가 전문직 직종에 진출해왔다. 다른 아시아계 미국인처럼 2세대 한국계 미국인들은 백인에 비해 이공계 및 의료 관련 대학전공과 직업을 선호한다.[27] 의사나 변호사와 같은 전문직 선호는 부모의 영향이 한몫하지만, 아시아계로서 소수인종에 대한 사회적 편견도 큰 영향을 미쳤다.[28] 기업에서 아시아인은 관리직이나 고위직에 부적합하다는 인종적 편견이 만연해 있고 '대나무 천장'bamboo ceiling이라고 불리는 아시아계의 기업 내 차별도 존재한다. 이 때문에 상대적으로 위계가 없는 전문직을 재미교포들이 선호한 측면도 존재한다.

한국계 이민자의 자녀들은 상대적으로 높은 학력에 기대어 미국에서 중산층의 경제적 지위를 획득했다. 하지만 이들이 주류 백인사회에 동화되었는가, 즉 미국인이 되었는가에 대해서는 여전히 의문스럽다. 한국계를 포함해서 아시아계는 학력 수준에 비해 백인보다는 여전히 낮은 임금을 받고 있다.[29] 노동시장의 차별은 여전히 심각한 수준이다. 그뿐인가. 재미교포의 약 60퍼센트는 오직 한인들과 어울린다는 설문조사도 있다.[30] 이주 역사가 반세기가 되어가지만 여전히 주류사회에 섞이지 못하는 것이다. 그리고 같은 조사에서 응답자의 4분의 1은 인종차별이 미국 사회의 심각한 문제라고 답하고 있다. 좋은 직업을 갖고 있지만 이들은 여전히 인종소수자일 뿐이다.[31]

한국계 미국인은 국내에서도 환영받지 못하는 존재다. 한때 음악계나 영화계, 심지어 영어교육 시장에서 이들이 선호되기도 했다. 유창한 영어와 익숙한 미국 문화, 그리고 미국 대학 졸업장이 큰 이점으로 작용했다. 그러나 한국계 미국인은 한국에서도 내국인과 동등한 지위를 획득하지는 못했다. 영어교육 시장에서는 백인이 아니라는 이유로 미국인 취급을 받지 못한다.[32] 일반인들은 "검머외"(검은 머리 외국인)라는 말로 한인으로 인정하지 않는다. 심지어 재미교포는 건강보험 혜택을 노리고 위장입국하는 사기꾼으로 취급받는다.[33]

그렇지만 이들이 다시 한국을 찾는 배경에는 미국의 인종차별이 큰 역할을 한다는 연구도 있다.[34] 결국 재미교포는 미국에서 미국인이 되지 못하고 한국에서 한국인이 되지 못하는 존재가 되고 말았다. 그저 안타까운 이야기일까? 이들의 모습은 사실 국내로 유입된 이주민의 미래와 별반 다르지 않다. 다만 차별의 주체가 백인이 아닌 우리라는 점이 다를 뿐이다.

떠도는 한인 입양인과 미등록 이주민

잊힌 미등록 한인 입양인

2022년 애플TV 드라마 〈파친코〉Pachinko가 우리나라에서 화제에 올랐다. 일제강점기와 재일교포가 한국을 넘어 전 세계에 방영되는 드라마의 소재가 되었다는 점이 우리의 흥미와 자부심을 불러일으키기에 충분했다. 게다가 배우들의 상당수가 한국인과 한국계 미국인이고 감독 역시 한국계 미국인이라는 것도 한몫했다. 두 명의 감독 가운데 한 명인 저스틴 전Justin Chon은 미국의 배우이자 감독이다. 파친코에 가려졌지만, 그의 전작인 영화 한 편이 2021년 잠시 화제가 되었다. 그가 직접 주연과 감독을 맡은 영화, 〈푸른 호수〉Blue Bayou가 2021년 부산국제영화제에 공식 초청을 받았다. 이 영화는 미등록 한인 입양인, 즉 어린 나이에 미국으로 입양되었지만 양부모의 방치로 시민권을 획득하지 못한 주인공이 불합리한 이민법 때문에 추방되는 불행한 이야기를 다루었다.

이 영화가 세계적 주목을 받은 것은 단순히 '한인' 입양인의 문제를 다루었기 때문만은 아니다. 트럼프로 상징되는 전 세계적인 반이민 정서 속에서 범죄자 취급을 받는 미등록 이주민의 문제를 정면으로 주시했기 때문이다. 영화 속 주인공 안토니오가 시민권이 없던 것은 자신의 탓이 아니라 순전히 그를 학대하고 방치하면서 국적 신청을 하지 않은 부모의 잘못이었다. 다섯 살에 미국으로 입양되어 30년을 미국에서 성장하고, 아내와 두 자녀를 가진 미국인이지만 그는 언어도 문화도 모르는 한국으로 추방되어 다시는 미국으로 돌아갈 수 없다. 그에게 추방이란 삶의 뿌리가 송두리째 뽑히는 경험인 것이다. 영화는 미등록 이주민의 추방이 불법체류자를 돌려보내는 일이 아니라, 한 인간의 삶의 터전과 가족을 빼앗는 비인도적인 처사임을 담담하게 담아낸다.

미국의 미등록 한인 이주민의 이야기는 그저 안타까운 멜로드라마가 아니다. 한국의 오래된 인종주의와 순혈주의가 낳은 추악한 현실이다. 그리고 지금 우리가 국내에 방치하고 추방하는 미등록 이주민의 사연도 이와 다르지 않다.

미등록 한인 이주민과 정부의 외면

미등록 한인 입양인의 비극은 한국과 미국 정부 모두의 방치와 무책임이 낳은 구조적인 문제다. 한국은 1950년 한국전쟁 이후 현재까지 약 17만 명의 아동을 해외로 입양시켰다. 그 가운데 약 12만 명이 넘는 아동이 미국으로 입양되었다. 이는 미국의 국제 입양인 가운데 4분의 1에 해당한다. 통계는 없지만 이들 가운데 약 2만에서 4만 명이 시민권을 갖지 못한 채 살아간다고 추정한다.

한국 정부와 입양단체는 한국에서 입양절차를 완료하지 않고도 아동을 보낼 수 있도록 방치해왔고, 미국 정부는 이들에 대한 구제절차를 2001년에서야 마련했다. 아동시민권법Child Citizenship Act으로 해외 입양인에게 모두 국적을 부여하도록 구제법안을 마련했지만, 1983년 이후 출생한 입양인에게만 적용되어 상당수 한인 입양인은 이 법의 혜택을 받지 못했다.

현재까지 한국으로 추방된 한인 입양인은 공식적으로 10명으로 집계되었지만 관련 단체들은 적어도 50명 이상이 될 것으로 추정한다. 이들의 삶은 비참하기 그지 없었다. 한국어와 한국 문화도 모르고 연고도 없는 미등록 한인 입양인들이 한국사회에 정착하기란 불가능에 가깝다. 정부의 대책도 전무하다. 2017년 한국으로 추방된 입양인 필립 클레이Philip Clay는 자살로 생을 마감했다. 그리고 영화 〈푸른 호수〉의 모델로 알려진 애덤 크랩서Adam Crapser는 입양된 지 37년이 되던 해인 2016년 한국으로 추방되었다. 그역시 한국에서 비참한 생활을 영위하다 멕시코로 이주할수밖에 없었다.

입양인뿐일까? 거의 알려지지 않았지만 미국의 한인이민자 가운데 미등록 이주민은 2017년 현재 약 17만 명에달한다. 이는 이민자 집단 중 8번째로 많은 숫자다. 이들 중어린 나이에 이민 온 한인들은 심각한 위험에 노출되어 있다. 입양인들처럼 이들이 추방될 경우 한국사회 정착은 가능하지 않기 때문이다. 오바마 대통령 집권 당시 아동 시절이민 온 젊은이들의 추방을 유예하는 법안Deferred Action for Childhood Arrivals, DACA이 통과되어 약 9,000명의 한인 이민자가 유예를 신청했다. 그러나 2017년 트럼프가 집권한 이후 이들의 지위는 계속해서 위협받고 있다. 우리 정부는 미등록 한인 이민자와 그들의 추방에 관한 어떠한 현황도 파악하지 않고 있다.

반면교사의 필요성

먼 나라 미국의 한인 이민자와 입양인 소식을 어쩌다 접하면서 우리는 같은 한국인으로서 연민과 동정을 보낸다. 그러나 바로 여기 한국에서 살아가는 미등록 이주민이, 그것도 약 40만 명이 하루하루 추방의 공포 속에서 살아간다는 사실은 외면하고 있다. 이들 가운데 아동과 청소년은 약 2만 명에 달하는 것으로 추정된다. 우리는 미등록 이주민을 불법체류자라 부르며 자국으로 추방하는 일을 당연하게 여기지만, 미등록 아동 청소년은 한국사회에서 한국어를 배우고 한국문화에 익숙하며 한국사람들과 교우관계를 맺는 사실상 한국인이다. 이들에게 자국은 또 하나의 타국에 불과한 것이다. 영화 〈푸른 호수〉의 안토니오는 미국에도, 그리고 한국에도 있다.

빈센트 친과 인종연대

인종주의에 무감한 한국사회

한국의 선수들이 세계 유명 스포츠 리그에서 정상급 선수들과 함께 활약하는 모습은 이제 우리에겐 자연스러운 일상이다. 영국 프리미어리그의 손흥민을 비롯해 미국 메이저리그의 김하성 등 손에 꼽기도 어려울 지경이다. 이에 따라 한국 선수들이 외국에서 인종차별을 당하는 모습도 심심치 않게 보도되고 있다. 2023년 5월 손흥민 선수에게 경기 중 상대편(크리스털 팰리스) 팬으로 추정되는 한 관중이 전형적인 동양인 비하 제스처 중 하나인 손가락으로 양쪽 눈을 찢는 행동을 보인 것이 카메라에 잡혔다.[35] 손흥민의 소속팀인 토트넘은 물론 상대팀도 관중의 인종차별 행위에 대해 강력히 대응하겠다고 밝혔다.

그런데 당황스럽게도 우리 안방에서도 비슷한 일들

이 벌어지고 있다. 2023년 6월 국내 축구리그인 K리그 울산 현대 팀 선수들이 어두운 피부의 동료선수를 "동남아시아 쿼터", "사살락"[36]으로 부르면서 인종차별적인 발언들을 SNS에 올렸다.[37] 한국프로축구연맹은 상벌위원회를 열고 사상 처음으로 인종차별 관련 징계를 결정했다. 하지만 관련자들은 1경기 출전정지와 제재금 1,500만 원 정도로 경미한 처벌에 그쳤다.[38]

겉으로 보기에 두 사건은 축구계에서 일어난 일이라는 것을 제외하면 별 관련이 없다고 생각하기 쉽다. 내국인이 타국인을 싫어하는 건 당연하다고 쉽게 치부하기 때문이다. 우리는 인종주의와 인종차별을 이런 시각에서 바라본다. 그러나 영국 프리미어리그의 백인 관중은 백인 선수를 향해 특정한 비하 표현을 하지 않으며, 우리도 백인 선수나 내국인 선수를 향해 특정한 비하 표현을 하지 않는다. 인종주의는 항상 인종 간의 우열 관계를 전제한다. 즉 비백인에 대한 백인의 우월성, 후진국 국민에 대한 선진국 국민의 우수성 말이다.

세계적 현상인 인종주의

인종주의는 생물학적 차이나 민족적 차이에서 비롯된 것이 아니다. 근대에 백인 서구 제국주의 국가들이 비백인 국가들을 상대로 식민지를 건설하면서 지배를 정당화하기 위해 만들어낸 문화이자 지식이다. 식민지와 제국주의는 제2차 세계대전을 끝으로 사라졌지만 여전히 세계는 백인을 중심으로 한 서구국가들이 사회, 경제, 문화적 지배를 행사하고 있다. 비대칭적인 글로벌 질서가 인종주의를 지속시키고 재생산한다.[39] 이 때문에 우리는 국제적으로 인종주의에 맞서야 한다. 인종주의는 결국 서구우월주의를 인정하는 것이기 때문이다. 세계화와 다민족의 시대에 우리도 예외가 아니다. 우리도 국경을 넘어가면 열등한 동양인으로 취급받는다.

우리는 은연 중에 인종주의에 동참하고 있다. 국내 축구리그의 예처럼 말이다. 한국 축구선수가 동남아를 비하하는 것이 서구우월주의와 무슨 관계가 있냐고 되물을지 모른다. 그러나 백인과 비백인 사이가 아니라도 인종 간의 위계를 긍정하는 것이 인종주의의 핵심이다. 우리가 동남아보다 우월하다고 생각하는 건 우리가 서구와 사회, 경제, 혹은 정치적으로 근접한 존재라고 생각하는 관념에서 출발하기 때문이다. 마찬가지로 동남아시아인이 열등하다고 생각하는 것은 우리보다 그들이 서구에 비해 뒤쳐져 있다고 생각하기 때문이다.

인종주의에 맞서는 것은 결국 모든 인종은 평등하다는 생각이다. 이는 피부색, 문화, 그리고 출신지를 이유로 차별받는 사람들의 연대의식으로 이어진다. 이것이 인종주의로부터 탈피하는 지름길이다. 백인이 아닌 이상, 미국·유럽 출신이 아닌 이상, 우리는 다른 국가, 다른 장소에서 열등한 존재로 낙인찍힐 수 있으며 이는 비서구인 혹은 비백인 누구에게나 해당될 수 있기 때문이다.

인종 간 연대와 저항

미국의 역사는 인종주의의 역사이기도 하지만 동시에 유색인종의 저항과 연대의 역사이기도 하다. 그 가운데 아시아계 미국인의 사례는 우리에게도 많은 시사점을 준다. 아시아계 미국인에게 6월 23일은 특별한 날이다. 아시아계 미국인 단체들은 매년 이날을 기억하고 기념하기 위해 다양한 행사를 마련한다. 1982년 6월 23일은 중국계 미국인인 빈센트 친이 인종혐오 범죄로 폭행당해 사망한 날이다. 미국에서 아시아계 미국인을 향한 인종차별은 비단 어제오늘의 일은 아니다. 그렇지만 그의 비참한 죽음이 아시아계 미국인들에게 특별히 기억되는 이유는 이들이 처음으로 인종차별에 맞서 각성하고 서로 단결하기 시작했던 역사적 이정표였기 때문이다.

　빈센트 친의 살인자에게 지방법원이 내린 터무니없이 낮은 형량에 아시아계 미국인들은 전국 각지에서 항의 시위를 벌였다. 이 시위는 중국계, 일본계, 필리핀계 등 서로 다른 국가 출신들이 처음으로 한자리에 모여 스스로 '하나의' 아시아인으로서 같은 처지에 놓여 있음을 확인한 순간이었다.

그전까지만 해도 미국의 중국인, 일본인, 인도인, 혹은 필리핀인들은 서로를 다른 집단으로 생각해왔다. 비록 사회에서 이들은 백인이나 흑인과 구분되는 아시아 인종Asian race으로 뭉뚱그려 취급되었지만 각각은 서로 다른 문화와 배경을 가진 공동체였다. 그러나 빈센트 친이 살해된 것은 그가 중국인이었기 때문이 아니라 아시아 인종이었기 때문이었다. 이들은 어떤 문화와 배경을 갖고 있는지 상관없이 미국에서 아시아인이라는 이유로 차별받았다. 빈센트 친의 살해는 이들이 처음으로 아시아계로서 운명 공동체임을 깨닫게 해준 계기였다.

법원 판결 후 2주 만에 이들은 역사상 최초로 범아시아계 시민단체인 '정의를 위한 미국시민'American Citizens for Justice을 결성했다.[40] 이 단체는 전국적인 저항운동을 벌이고 연방정부가 민권법 위반으로 사건을 제소할 것을 청원하는 운동을 펼쳤다. 그 결과로 미국 역사상 최초로 아시아계 미국인이 관련된 민권법 위반 사건으로 연방법원 재판이 개시되기에 이른다. 그러나 재판의 결과, 가해자 중 한 명인 니츠는 무죄가 선고되었고 에번스만 25년형을 선고받았다. 그러나 이후 항소심에서 에번스 역시 무죄가 선고되었다.

빈센트 친 살해사건은 비록 인종차별적 사법체계의 한계에 가로막혀 정의가 실현되지 못했다. 하지만 아시아계 미국인들의 각성과 연대는 중요한 자산으로 남게 되었다. 그 유산은 아시아계를 넘어 아프리카계와 중남미계 미국인들과 인종차별에 맞서 연대하려는 시도로 발전되었다. 최근 활발하게 전개되고 있는 '흑인의 삶은 소중하다'Black Lives Matter 운동과 '아시아 혐오 중단'Stop Asian Hate 운동에서 아프리카계와 아시아계가 연대하는 움직임은 이러한 흐름을 잘 보여주고 있다.

억압하며 억압받는 한국인

2020년 시작된 코로나19 대유행 시기에 아시아인을 향한 혐오범죄는 미국과 유럽 각지에서 기승을 부렸다. 한국계 미국인 역시 1992년 LA 폭동부터 차별과 혐오의 피해자였고 지금도 마찬가지다. 2020년 3월 미국 조지아주 애틀랜타시에서는 아시아계를 겨냥한 총기난사 사건이 일어났고, 이 사건으로 한국계 이민자 4명을 포함해 8명이 사망했다. 아시아계 혐오는 먼 나라의 일이 아닌 우리의 일이다.

2022년 BTS는 미국 백악관에 초청되어 인종차별과 혐오를 중단할 것을 촉구하고 나섰다. 그렇지만 우리는 여전히 남의 집 불구경하듯이 방관하고 있다. 그저 BTS의 높아진 위상을 자화자찬하고 있을 뿐이다. 오히려 우리는 동남아 이주노동자, 중국에서 건너온 동포, 동남아 출신 결혼이주민, 그리고 검은 피부의 난민을 향한 혐오와 차별의 시선을 거두지 않고 있다. 나아가 코로나를 핑계로 중국인 혐오에 동참하기도 했다. 그러나 우리도 외국에 나가면 중국인이나 베트남인과 다를 바 없는 그저 '노란 피부'의 아시아인이고, 흑인과 다르지 않은 '유색인종'일 뿐이다. 우리와 다르다고 배척하는 이주민은 서구인의 눈으로는 나와 같은 아시아인이고 유색인종일 뿐이다. 우리가 전 세계적인 아시아 혐오 반대에 연대해야 하는 이유다.

폐허 속에서 얻은 깨우침, 사이구와 한인공동체

피해자이면서 가해자

지금으로부터 30여 년 전인 1992년 4월 29일, 미국 로스엔젤레스의 사우스센트럴 지역은 말 그대로 지옥으로 변했다. 수천 명의 흑인과 라틴계 주민이 몰려나와 마구잡이로 방화와 약탈을 저질렀고, 지역의 건물들은 순식간에 불길에 휩싸였다. 사태는 6일 동안이나 지속되었다. 무려 60여명이 죽었고 2,000여 명이 다쳤다. 이곳은 미국 내 한인 이민자들의 최대 경제중심지였던 코리아타운이 자리 잡고 있었다. 폭동으로 코리아타운은 일주일도 채 되지 않아 대부분 잿더미가 되었다. 한인 경제는 산산조각이 나고 회복할수 없는 경제적 피해를 입었다. 폭동의 최대 피해자는 한인들이었다. 하지만 LA 폭동은 단순히 한인 이민자들에게 물질적 피해를 안겨준 사태가 아니었다. 폭동은 한인들에게 자신은 미국에서 보호받지 못할 유색인종임을 뼈저리게 깨닫게 해준 결정적 사건이었다. 재미 한인들은 그날을 사이구(429)라고 부르며 특별히 기억한다.

우리는 흔히 사이구를 흑인들이 백인 사회에 품었던 분노가 한인들에게 잘못 투영되어 벌어졌던 사건쯤으로 기억한다. 미국 사회는 흑인의 폭력적이고 비문명적인 행태에 분노하고 타국에서 열심히 일하는 한인들을 옹호해왔다. 폭동의 직접적인 도화선이 되었던 것은 1991년 과속으로 운전하던 흑인 로드니 킹Rodney King을 백인 LA 경찰 4명이 검거하여 무차별적으로 폭행한 사건이다. 이 사건으로 기소된 경찰들이 법정에서 무죄 선고를 받은 바로 그날 폭동이 시작되었던 것이다. 하지만 우리가 잘 모르는 사실은, 로드니 킹의 폭행이 있던 해 LA 빈민가에서 상점을 운영하던 두순자 씨가 15세 흑인 소녀 라타샤 할린스Latasha Harlins를 절도범으로 오인해 총으로 사살한 사건이 일어났다는 점이다. 그는 재판에서 집행유예 판결을 받았다. 이 사건은 흑인사회에서 한인에 대한 반감을 불러일으켰고, 폭동의 주요한 배경이 되었다. 한 재미 한인 작가가 날카롭게 지적했듯이, 한인은 '인종차별의 피해자이면서 동시에 가해자'였던 것이다.[41]

사이구의 원인은 그렇게 간단치가 않다. 그 이면에는 한인과 흑인의 갈등을 조장해온 미국 사회의 뿌리 깊은 인종주의가 있다. 1960년대 흑인 민권운동이 불타오르면서 백인 주류사회는 아시아계 미국인을 이용해 흑인들의 권리 주장을 잠재우고 백인 우월주의 사회를 합리화하려고 했다. 1960년대 중반부터 주류 미디어는 아시아계 미국인의 성공을 대서특필하면서, 이들의 성공 원인을 노력과 근면을 숭상하는 아시아문화에서 찾았다. 그 주장의 이면에는 흑인들의 빈곤과 어려움을 백인들의 차별이 아니라, 다분히 흑인들의 미개하고 열등한 문화 탓으로 돌리려는 의도가 숨어 있었다. 이 아시아계 '모범 소수자'의 신화는 단지 흑인들의 민권운동을 비난하는 것을 넘어 흑인과 아시아계 미국인 사이의 갈등을 키워가는 역할을 했다.

모범 소수자라는 신화와는 다르게 실제로 한인 이민자들의 삶은 나아지지 않았다. 한인을 비롯한 아시아계 미국인에 대한 사회적 차별은 개선되지 않았다. 한인 이민자들이 여타 이민자들에 비해 높은 비율로 세탁소나 식품점 등 자영업에 종사한 이유도 유색인종 이민자에 대한 차별 때문이었다. 이들은 스스로 코리아타운을 형성해서 그들만의 경제권을 만들거나, 백인 상업지역을 피해 흑인이나 라틴계 주민의 거주지역에 상점을 열어 생계를 이어나갔다. 하지만 흑인과 라틴계 주민들은 한인의 진출을 자신들에 대한 또 다른 차별로 받아들였다. 이렇게 한인 자영업자와 흑인과의 갈등은 이미 1970년대부터 서서히 싹을 키워가고 있었다.

인종주의의 깊은 그림자

사이구에서 보여진 흑인들의 극단적인 분노와 폭력성은 역
사적으로 흑인을 향한 미국 주류사회의 끔찍하고 폭력적인
차별에 기인한다. 흑인들의 비즈니스와 상업은 역사적으로
백인에 의해 철저하게 파괴되었다. 가장 극적인 예는 털사
Tulsa 학살이었다. 20세기 초 오클라호마주 털사는 검은 월
스트리트Black Wall Street라 불릴 정도로 흑인들의 상업이 발
달했던 지역이었다. 그러나 1921년 백인들은 이 지역을 초
토화해버리고 주민을 학살했다. 수백 명의 흑인이 학살당
한 것으로 전해질 뿐 제대로 된 수사와 보상은 전혀 없었
다. 이런 방식으로 흑인들은 미국 사회에서 경제권을 박탈
당했다. 자신의 거주지역에서 상업을 키워갈 수도 없었던
것이다. 게다가 흑인들은 백인들의 거주지에서 분리된 채
사회, 경제, 문화적으로 낙후된 지역에서 살아오면서 빈곤
의 늪에 빠져들었다. 이런 역사적 배경에서 한인 이민자들
의 진출은 흑인들에게 백인에 이은 또 다른 인종의 경제 침
탈로 비추어졌다. 사이구는 이렇듯 미국 인종주의 역사 속
에서 터진 사건이었다.

　미국 정부의 사이구에 대한 대처는 철저하게 인종차별
적이었다. 폭동 기간 내내 경찰은 수수방관하는 태도로 일
관했다. 증언에 따르면 부유한 백인 거주지역으로 향하는
길목만을 막고 있었다고 한다. 코리아타운의 피해가 그렇

게 컸던 이유도, 한인들이 상가 옥상에 올라가 스스로 무장하고 방어했던 이유도 공권력이 전혀 개입하지 않았기 때문이었다. 폭동이 끝난 후에 한인들은 거리로 몰려나가 정부의 피해보상 대책을 요구했다. 그러나 아무것도 이루어지지 않았다. 수십 년간 타국에서 쌓아온 이민자의 노력은 모두 무너졌다.

각성의 중요성

사이구는 아메리칸 드림의 민낯을 그대로 드러내주었다. 미국 사회에서 한인은 결코 백인이 될 수 없다는 현실을 가장 적나라하게 보여준 사건이었다. 하지만 그보다 뼈아픈 깨달음은 한인 역시 인종차별에 동참해왔다는 사실이다. 폭동의 이면에는 부득이할지라도 흑인과 라틴계 미국인과 거리를 두면서 소수인종임을 애써 부인했던 한인 이민자들의 외면이 자리 잡고 있다. 폭동 이후 한인사회는 비로소 흑인을 비롯한 여타 소수인종과의 공존과 연대를 모색하고, 소수인종으로서 정치적·사회적 정체성을 인정받기 위해 노력하기 시작했다. 30년이 흐른 지금 한인사회는 백인 주류사회로 맹목적인 편입을 좇기보다는 인종 간 평등과 공존의 가치를 추구하고 있다. 하지만 지금 여기 한국은 역으로 이주민과 타인종을 향한 혐오를 키워가고 있다. 사이구는 우리 자신도 타국에서는 한 명의 소수인종에 불과하며 인종차별은 타인뿐 아니라 우리 자신의 문제임을 일깨워준다. 폭동은 30년 전의 일이 아니라 바로 지금 한국의 이야기가 될 수도 있다.

맺음말

다문화라는 거대한 허상

정부의 이민정책에 이민은 없다. 말은 이민정책이지만 고
학력·전문직 외국인의 이민을 장려해 인구위기를 극복하
겠다는 허황된 구호 뒤에서 값싸게 부려먹고 쫓아낼 외국
인을 단기적으로 수입하는 인력정책일 뿐이다. 여기에 다
문화나 사회통합, 인권이나 공존은 없다. 그러나 외국인 인
력이 단기 순환하는 다민족 사회의 현실은 '다문화'라는 거
대한 포장지로 감추어져 있다. 정부, 대학, 그리고 언론이
주입하는 다문화 사회의 이미지는 내국인과 비슷한 학력과
직업의 외국인들이 같은 이웃으로 살아가는 조화로운 공동
체로 묘사된다. 그 구성원은 오직 내국인과 결혼한 결혼이
주민과 그 자녀, 주로 선진국 출신의 고학력·전문직 이주
민, 그리고 선진국 출신 재외동포다. 이 공동체에서 갈등은
오직 서로의 소소한 문화적 차이로 환원된다.
　그렇지만 다민족 사회의 실제 구성원은 단순기능직의

이주노동자와 중국·구소련 출신 재외동포, 미등록 이주민, 그리고 그들의 자녀들이다. 이들은 수도권 외곽과 지방의 공단에서, 농촌과 어촌에서, 전국 각지의 건설업·제조업 현장에서 우리를 대신해 일하고 있다. 우리를 대신해 아이와 노인을 돌보고 있다. 그리고 차별과 외면 속에 학교나 사회에서 소외되고 배제되어 있다. 다문화 사회라는 허상과 다르게 이들을 우리가 일상에서 마주칠 일은 매우 적다. 한국의 다문화 사회는 정부가 홍보하듯 이주민이 이웃인 사회가 아니다. 실상은 경제적·사회적·공간적으로 내국인과 이주민은 철저히 분리되어 있다. 문화적 차이가 우리를 갈라놓은 게 아니라 직업, 지역, 소득, 인종이 서로를 갈라놓고 있다. 차별과 혐오가 서로를 갈라놓고 있다. 문제는 개인의 편견이나 잘못된 이념이 아니다. 정부의 기만적인 이민정책과 다민족 사회를 오독한 학계와 언론에 책임이 있다.

문제는 노동과 복지

단순기능직 이주노동자 없는 한국경제는 상상하기 어려워진 지 오래다. 건설 현장에서, 중소 제조업 공장에서, 농촌에서, 그리고 항구에서 이주노동자는 필수인력이 되었다. 우리는 흔히 이주민들을 돈을 좇아 한국에 들어온 탐욕스러운 존재로 생각한다. 그러나 이들을 대규모로 불러들인

건 기업과 정부였다. 낙후된 산업을 구조조정하지 않았고, 노동권을 억압해 낮은 임금을 유지시켰으며, 복지에 재정을 충분히 투입하지 않았다. 그 결과로 제조업, 건설업, 그리고 농축산업은 저임금 노동자 없이 생산이 불가능하고, 노인과 어린아이, 그리고 환자는 돈으로 돌볼 사람을 고용할 수밖에 없는 지경에 이르렀다. 결국 현재 저임금·저숙련 노동력과 돌봄의 위기는 기업과 국가가 초래했다. 정부는 이 위기를 단기 이주인력 수입 확대, 그리고 결혼이주민과 재외동포의 2등시민 편입으로 해결하고 있다.

저임금·저숙련 인력 부족, 그리고 돌봄과 복지의 위기는 단기간에 해결될 수 없다. 노동시장은 내국인과 이주민의 이중구조가 고착화되었고 경제와 복지제도는 장기간에 걸친 개혁이 요구된다. 이주민이 없다면 당장 농수축산업과 제조업, 건설업은 생존하기 어려울 것이다. 그리고 이들이 저임금으로 생산하고 제공하는 저가의 제품, 채소, 생선 없이 우리는 생활을 영위하기 어려울 것이다. 그리고 24시간 일하는 이주민 간병인과 도우미가 없다면 환자와 노인은 방치될 것이다.

이주민을 대규모로 유입시킨 근본 원인은 정부가 노동과 복지를 외면했기 때문이다. 그러나 정부는 저출생과 고령화를 원인으로 내세우며 인력 수급 방안으로 '이민정책'을 이용했다. 학계와 언론 역시 이에 이의를 제기하지 않았다. 그 결과 역설적으로 이주민은 우리 사회의 일원임을 계속해서 부정당할 수밖에 없었다. 그들은 현재 이민정책에서 이민(잠재적 시민)의 대상이 아닌 인력의 대상이기 때문이다.

사회통합의 조건

따라서 이주민의 사회통합은 정부가 주장하듯 상호문화 이해나 다문화 감수성의 함양으로 결코 달성될 수 없다. 그리고 대학과 일부 시민사회가 주장하듯 인권, 환대, 공존과 같은 추상적 도덕으로 개선될 수도 없다. 문제는 다문화의 확산이 아니라 구조의 개혁이다. 무엇보다 현재의 단기순환 인력정책을 폐기하고 이들에게 영주의 기회를 제공하는 실질적인 이민정책으로 전환해야 한다. 단기순환 인력정책은 기업에게도 노동자에게도 지속 가능한 대안이 아니다. 단기고용은 기업주의 차별과 착취를 조장하는 주요한 기제로 작용했을 뿐이다. 이주민의 장기고용과 영주 기회의 부여는 기업에게 예측 가능한 인력 수급과 교육 훈련을 가능하게 하고, 이주노동자들에게도 가족과 함께 안정적으로 삶을 영위하고 경력을 쌓을 기회를 제공할 수 있다. 그리고 장기적으로 저임금노동에 의존하는 산업구조를 개혁할 시간을 벌 수 있다.

아울러 혈연에 기반한 기계적인 사회통합 정책도 수정

되어야 한다. 내국인과의 동등한 기회와 권리보장을 외면하고 체류자격에 따라 차별적으로 적용되는 통합 정책은 잠재적 시민이 아닌 2등시민만을 양산했을 뿐이다. 현재의 사회통합 정책이 인력정책의 연장에 불과한 이유다. 이주민에게 점진적으로 내국인과 동등한 기회와 권리를 보장하는 실질적인 사회통합 정책으로 전환되어야 한다.

덧붙여 우리 역시 이주민과 현실적인 공존을 모색해야 한다. 공장, 식당, 농촌, 어촌에서 동남아시아 출신의 어두운 피부색을 가진, 저숙련 노동자가 잠재적 시민이 된다는 것을 우리가 인정할 수 있을까? 종합병원과 요양병원, 식당과 건설현장의 중국동포는 어떠한가? 그리고 옆집의 어눌한 한국어를 하는 결혼이주여성과, 미묘하게 얼굴빛이 다른 아이들, 그리고 거친 억양의 탈북민은 또 어떠한가? 대졸의 전문직 백인만이 아니라 개발도상국 출신의 유색인종이 다민족 사회의 시민이다.

이들과 공존하기 위해서는 우리의 인종주의적 편견을 버려야 한다. 우리가 이들을 꺼리는 건 그들과 문화가 다르기 때문이 아니다. 혹은 우리가 외국 여행을 갔다 오지 않았거나, 이들을 이전에 만나보지 못했거나, 책이나 미디어로 편향된 지식을 배웠기 때문이 아니다. 이미 우리는 정부와 대학과 언론이 반복해서 주입한 대로, 이주노동자를 열등한 존재로, 중국동포를 범죄자로, 결혼이주여성을 순종적인 가정부로 여기기 때문이다. 문화가 아니라 인종주의가 문제다.

현재의 다민족 사회를 이해하기 위해서는 결국, 지금의 이민정책과 다문화 담론이 감추어둔 현실을 직시하는 것으로부터 출발해야 한다. 현실에 대한 냉정한 평가 위에서 이주민과의 공존을 새롭게 모색해야 한다. 다민족 사회는 아직 시작하지도 않았다.

주

머리말

1 "한국, 내년부터 '다인종 국가'", 『한국경제』, 2023. 10. 27.
2 대통령직속 국민통합위원회 보도자료, 「국민통합위원회, '이주민 자치참여 제고' 특별위원회 제안 발표」, 2024. 4. 16, 3쪽.
3 김중혁 외, 「한국의 단일민족주의와 다문화 수용방안.」, 『사회과학연구』 35(4), 177~202쪽, 2019.
4 "설동훈 전 이민학회장이 말하는 '다문화·다인종국가'", 『주간조선』, 2023. 11. 14.
5 언론보도에 따르면, 이주민 희생자 18명의 체류자격은, 재외동포 비자(F-4) 12명, 방문취업(H-2) 3명, 결혼이민(F-6) 2명, 영주(F-5) 1명이다. "파견 노동 시장 메운 재외동포들…산재 위험에도 무방비 노출", 『경향신문』, 2024. 6. 27.

1장 다문화 대한민국

1 2024년 2월 발표된 제4차 외국인정책 기본계획(2023-2027)은 범정부 차원에서 '외국인'을 '이민자'로, '외국인정책'을 '이민정책'으로 전환한다고 밝혔지만, 이 문서 외에 정부의 표현은 크게 바뀌지 않았다.
2 ""다문화 가족 대신 이주민으로 불러주세요"… 통합위, 명칭 통일", 『조선일보』, 2023. 11. 4.
3 UN 경제사회위원회 통계국의 정의. https://www.iom.int/key-migration-terms
4 물론 투자 이민이나 전문직 유치 같은 예외적인 경로로 유입된 경제적·인적 자본을 갖춘 소수의 이민자 집단은 이에 해당하지 않는다.

5   Michael Omi and Howard Winant. [1986]2015. *Racial Formation in the United States: From the 1960s to the 1990s*. New York: Routledge; Eduardo Bonilla-Silva. 1997. "Rethinking Racism: Toward a Structural Interpretation." *American Sociological Review* 62(3): pp. 465-80.

6   자연적·생물학적 차이가 아니라, 사회적 권력관계가 인종을 만들어 낸다는 "사회적 구성물로서의 인종(race as a social construct)" 이론은 서구 학계에서 널리 인정되고 있다. 이에 대해서는 다음을 참고하라. Richard Delgado & Jean Stefancic. [2001]2017. *Critical Race Theory: An Introduction*. 3rd Ed. New York: New York University Press.

7   예를 들어 19세기 미국의 백인 아일랜드 이민자가 흑인처럼 취급 되었음을 보여준 연구로, David Roediger. 1999. *The Wages of Whiteness: Race and the Making of the American Working Class*. New York: Verso Press가 있고, 국내에서 탈 북민의 인종화가 억양을 중심으로 이루어졌다는 연구로 Jennifer Hough. 2021. "The Racialization of North Koreans in South Korea: Diasporic Co-Ethnics in the South Korean Ethnolinguistic Nation." *Ethnic and Racial Studies*: 45(4): pp. 616-35가 있다.

8   이 시각에 따르면 대부분의 이주민 문제는 시간의 문제라고, 즉 이주민이 한국사회에 완벽히 적응하면 해결될 것이라 전망한 다. 정부와 이민학(immigration studies)의 주류 관점으로 동 화론(assimilation theory)이라고 불린다. 이 이론에 대해서 는 Richard Alba and Victor Nee. 2003. *Remaking the American Mainstream: Assimilation and Contemporary Immigration*. Cambridge MA: Harvard University Press를 참고하라.

9   이 관점은 한국사회의 단일민족이라는 역사적·구조적 특징을 강조 하는 것처럼 보이지만 실제로는 이를 통해 형성된 개인의 편견을 주 된 원인으로 지목한다. 유사한 시각으로 개인의 특권(지위) 차이가 이주민 차별을 낳는다는 관점이 있다. 이 역시 개인의 편견과 특권 으로 원인을 환원하고 제도와 집단역학을 도외시한다는 점에서 앞

의 시각과 유사하다. 후자의 대표적 예로, 김지혜,『선량한 차별주의 자』, 창비, 2020을 들 수 있다.

10 이에 대한 자세한 분석은, Moon-Kie Jung. 2009. "The Racial Unconscious of Assimilation Theory." *Du Bois Review: Social Science Research on Race* 6(02): pp. 375-95; Eduardo Bonilla-Silva. Ibid.를 참고하라.

11 국내에 소개된 상당수의 인종주의 관련 저서와 연구가 이 관점을 견지하고 있다. 그러한 예로, 김지혜 외,「한국사회의 인종차별 실태와 인종차별철폐를 위한 법제화 연구」, 국가인권위원회, 2019 등이 있다. 또한 서구와 다른 형태의 '한국적' 인종주의를 주장하는 논의 역시 이념의 절대적 역할을 주장한다는 점에서 유사하다. 이러한 시각은 정회옥,『한 번은 불러보았다: 짱깨부터 똥남아까지, 근현대 한국인의 인종차별과 멸칭의 역사』, 위즈덤하우스, 2022에서 확인할 수 있다.

12 Michael Omi and Howard Winant. Ibid.

13 법무부가 이주민을 대상으로 시행하는 사회통합프로그램이 대표적인 예로, 그 목적을 "이민자가 우리 사회구성원으로 적응·자립하는 데 필요한 기본 소양"을 함양하는 데 있다고 명시하고 있다. 내국인의 경우는 여성가족부가 3년마다 실시하는 국민 다문화수용성조사가 대표적으로, 국민 인식이 다문화 문제의 결정적 요인이라는 인식에서 고안된 조사다.

14 각주 1을 참고하라.

15 법무부,「제3차 외국인정책 기본계획(2018년-2022년)」, 2018, 4쪽.

16 IOM, Key MIgration Terms. https://www.iom.int/key-migration-terms

17 계절근로(E-8), 비전문취업(E-9), 선원취업(E-10), 방문취업(H-2)을 포함한 수.

18 김주영,「다양화 시대 기업 R&D 대응방안 3: 외국인 전문인력」,『기술과 혁신』, 2019. 4.

19 고용허가제는 '외국인근로자의 고용 등에 관한 법률'에서 규정하고 있다.

20 이들 역시 이주노동자이지만 언론과 정부에서 그렇게 지칭하지 않는 사실 역시 차별적이다.

21 '재외동포의 출입국과 법적 지위에 관한 법률'의 줄임말.

22 이진영, 「재외동포정책」, 정기선 엮음, 『한국 이민정책의 이해』, 백산서당, 2011.

23 이진영, 앞의 글.

24 Stephen Castles, Hein de Hass and Mark J. Miller. 2014. *The Age of Migration*. Basingstoke: Palgrave Macmillan. p. 270.

25 법무부·행정안전부, 「지방자치단체 공무원을 위한 외국인 업무 지침서」, 2024.

26 "한국은 이슬람을 받아들일 준비가 되어있는가?", BBC 코리아, 2021. 9. 18.

27 육주원·이소훈, 「대구 북구 이슬람사원 갈등을 통해 본 인종주의의 위장술.」, 『아시아리뷰』 12(1), 33~65쪽.

28 육주원·이소훈, 앞의 글.

29 미국의 인종차별이 개선되고 있는가에 관한 비판적 논의는 Victor Erik Ray, et al. 2017. "Critical race theory, Afro-pessimism, and racial progress narratives." *Sociology of Race and Ethnicity* 3(2): pp. 147-58을 참고하라.

30 Eduardo Bonilla-Silva. Ibid.

31 차별은 계급, 성별, 인종 등 집단 간의 이익에서 비롯되기 때문에 '차별주의' 혹은 '차별주의자'라는 용어는 잘못된 용례다. 대표적인 예로 김지혜, 『선량한 차별주의자』, 창비, 2019를 참고하라.

32 Herbert Blumer. 1958. "Race Prejudice as a Sense of Group Position." *The Pacific Sociological Review* 1(1): pp. 3-7.

33 Michael Omi and Howard Winant. Ibid.

34 법무부 출입국·외국인정책본부, 「제4차 외국인정책 기본계획」, 2024.

35 2020년 이민자체류실태 및 고용조사 조사표.

36 2021년 북한이탈주민실태조사 조사표.

37 2021년 북한이탈주민실태조사 조사표.

38 다문화수용성은 "자기와 다른 구성원이나 문화에 대하여 집단적 편견을 갖지 않고, 자신의 문화와 동등하게 인정(상호인정)하고, 그들

과 조화로운 관계 설정(공존)을 위하여 협력 및 노력하고자 하는 태도"로 정의된다. 민무숙 외,「한국형 다문화수용성 진단도구 개발연구」, 사회통합위원회, 2010.

39 김이선 외,「국민 다문화수용성 조사」, 여성가족부, 2021.

40 외국의 경우 이민자에 대한 내국인의 태도는 사회적 거리(social distance), 편견과 고정관념(prejudice & stereotype), 외국인 혐오(xenophobia), 종족적 배제(ethnic exclusionism) 등의 지수를 활용하여 측정한다. 하지만 국내 학계와 정부는 이민 역사가 짧은 "한국사회의 특수성"을 고려하여 다문화수용성 지수를 개발했다고 밝히고 있다. 그러나 이 지수는 내국인과 이민자의 관계에 대한 선행연구를 다각적으로 고려하지 않은 채 문화적·개인적·심리적 차원만 배타적으로 조사하는 결함을 가지고 있다. 다문화수용성 지수 개발 배경에 대해서는, 김이선 외,「국민 다문화수용성 조사」, 여성가족부, 2021을 참고하라.

41 조경훈·유민이,「다문화사회전문가 국가자격증 제도화방안」, 이민정책연구원, 2020.

42 예외적으로 일본은 '다문화 소셜워커', '다문화코디네이터' 양성 프로그램이 있다. 조경훈·유민이, 앞의 글을 참고하라.

43 대표적으로 미국 다문화교육의 경우는, 이용승,「미국 다문화교육의 이론과 실제」,『민족연구』47:80, 2011, 80~100쪽을 참고하라.

44 하나의 예로 Department of Ethnic Studies, University of California, Riverside의 과목을 참고하라.
    https://ethnicstudies.ucr.edu/graduate-courses/

45 조경훈·유민이, 앞의 글, 15쪽.

46 김지혜 외,「한국사회의 인종차별 실태와 인종차별철폐를 위한 법제화 연구」, 국가인권위원회, 2019.

47 정부는 다문화사회전문가 과정에 대한 평가를 지속했지만, 정작 과목에 대한 고민은 전혀 없다. 그러한 예로, 조영희·강정향,「내·외국인 사회통합을 위한 다문화사회전문가 제도: 10년 평가와 앞으로의 과제」, 이민정책연구원, 2019를 참고하라.

48 "행선지 속인 채 공항으로…유학생들 '납치' 출국시킨 한신대",『한겨레』, 2023. 12. 14.

49 김지하 외,「대학의 외국인유학생 유치·관리실태 분석 연구」, 한국

교육개발원, 2020.

50 유학(D-2), 한국어연수(D-4-1), 외국어연수(D-4-7)를 합친 수.

51 "2027년까지 외국인 유학생 30만 명 유치로 세계 10대 유학강국으로 도약한다". 교육부 보도자료. 유학생 교육경쟁력 제고 방안 (Study Korea 300K Project) 발표. 2023. 8. 16.

52 박주현,「국내 외국인 유학생의 '취업-정주' 지원을 위한 정책 방향 및 향후과제 논의: 일본의 유학생 취업 지원 제도의 시사점을 바탕으로」, Issue Brief, 이민정책연구원. 2023. 이 자료는 교육부·한국교육개발원의 2022 교육통계분석자료집을 재가공한 수치이다. 조사하지 못한 대상자의 비율이 52퍼센트이기 때문에 취업률이 부정확할 수 있다.

53 이철희·정선영,「국내 외국인력 취업 현황 및 노동 수급에 대한 영향」, BOK 이슈노트, 한국은행, 2015. 12. 16.

54 강동관,「외국인 전문인력 입국 및 체류 실태 분석 연구」, 이민정책연구원, 2018.

55 "한신대는 왜 유학생 강제출국을 밀어붙였을까",『한겨레』, 2023. 12. 22.

56 법무부 체류관리과,「외국인유학생 사증발급 및 체류관리 지침」.

57 "한신대는 왜 유학생 강제출국을 밀어붙였을까."『한겨레』. 2023. 12. 22.

58 법무부 공고 제2023-452,「2024년도 지역특화형 비자 사업 공모 안내」.

59 "'비닐하우스 숙소'에서, 귀국 20일 앞둔 이주노동자 싸늘히 식었다",『한겨레』, 2020. 12. 24.

60 "500일 만에 인정받은 비극, 이주노동자 향한 차별은 그대로다",『경기일보』, 2022. 5. 3.

61 "이주노동자 옥죄는 고용허가제… 헌재, 7대 2로 "합헌"",『한겨레』, 2021. 12. 23.

62 이규용,「외국인 인력정책」, 정기선 외 지음,『한국 이민정책의 이해』, 백산서당, 2011.

63 이규용, 앞의 글.

64 헌법재판소 2020헌마395,「재판관 이석태, 재판관 김기영의 본안 심판대상조항들에 대한 반대의견」, 2021. 12. 23.

65 법무부,「출입국외국인정책 통계월보」, 2019년 12월호; 헌법재판소 2020헌마395, 앞의 글.

66 정연·이나경,「이주노동자 산업안전보건 현황과 정책 과제」, 보건복지포럼, 2020년 2월호.

67 "외국인근로자 사업장 변경제도 개선 등 산업현장의 원활한 인력활용 적극 지원한다", 고용노동부 보도자료, 2023. 7. 5.

68 "'숙련기능인력 3만 5천 명 혁신적 확대 방안(K-point E74)' 9월 25일부터 본격 시행", 법무부 보도자료, 2023. 9. 25.

69 숙련기능인력제도 확대에 관한 구체적인 비판은, 전국 노동·이주·인권단체 일동,「[성명] 이주노동자 권리 침해, 지원 인프라 축소, 미등록이주민 단속강화 등 이주노동 정책을 규탄한다!」, 2023. 10. 21을 참고하라.

70 김유휘·이정은,「한국 돌봄서비스의 이주노동자 실태분석」, 보건복지포럼, 2022.

71 "간병인 80%가 조선족⋯공적 마스크 0개 "코로나 옮을라"",『신동아』, 2020. 3. 22.

72 "조선족 육아도우미 "최저임금 올랐는데 내 월급은 안 올라"⋯ 맞벌이 부모 '철렁'",『조선일보』, 2018. 8. 22.

73 손인서,「성별화·인종화된 돌봄노동과 여성 중국동포 돌봄노동자의 노동경험」,『한국여성학』36:4, 2020, 95~129쪽; 손인서,「중국동포 돌봄노동자의 경력이동: 연령화·인종화된 인식과 이주민 불평등」,『경제와 사회』128, 2020, 312~344쪽.

74 설동훈 외,「2023년 결혼중개업실태조사」, 여성가족부, 2023에 의하면 국제결혼을 하는 내국인의 학력과 소득이 예전에 비해 높아진 것으로 조사되었다. 이를 분석한 연구는 아직 없지만, 국내 혼인율이 전반적으로 낮아지는 경향과 연관이 있을 것으로 추정된다.

75 Gyuchan Kim. 2018. "The Patterns of 'Care Migrantisation' in South Korea." *Journal of Ethnic and Migration Studies* 44(13): pp. 2286-302.

76 Gyuchan Kim. Ibid.

77 조경진,「한국의 돌봄공백과 결혼이주여성이 수행하는 노인돌봄에 대한 사례연구」,『가족과 문화』29(2), 2017, 1~39쪽. 9쪽에서 재인용.

78 정선주·최성보, 「TV 프로그램에 재현되는 한국적 다문화주의의 특성: EBS 〈다문화고부열전〉을 중심으로」, 『다문화교육연구』 8:2, 2015, 97~122쪽.

79 한국여성정책연구원, 「2021 전국다문화가족실태조사」, 여성가족부, 2022; 한국여성정책연구원, 「2020년 가족실태조사 분석연구」, 여성가족부, 2021.

80 "손은 뒷수갑, 발엔 포승줄…화성외국인보호소 '새우꺾기' 가혹행위", 『한겨레』, 2021. 9. 28.

81 "2007 여수, 갇힌 사람들-절단기로 문을 열자 시체가 나왔다", 『경향신문』, 2022. 2. 28.

82 "열악한 의료 탓 죽음 못 막는 외국인보호소", 『경향신문』, 2019. 11. 1.

83 "보호소 사망 이주노동자, 뒷수갑·머리보호장비 착용 당했다", 『오마이뉴스』, 2022. 9. 2.

84 화성, 청주, 여수 보호소 인원을 합친 수. 화성외국인보호소 방문시민모임 마중, 「2023 마중활동보고서」을 참고하라.

85 황필규, "반헌법적 구금의 역사와 이민청", 『한겨레』, 2023. 4. 27.

86 Ian Haney-López. 2014. *Dog whistle politics: How coded racial appeals have reinvented racism and wrecked the middle class*. Oxford University Press.

87 The Marshall Project, What Trump Really Means When He Tweets "LAW & ORDER!!!"

88 Dewey M. Clayton, Sharon E. Moore, and Sharon D. Jones-Eversley. 2020. "A historical analysis of racism within the US presidency: Implications for African Americans and the political process." *Journal of African American Studies* 25(3): pp. 383-401.

89 "외국인 건보 무임승차?…작년도 7천403억 흑자, 중국은 적자지속." 『연합뉴스』 2024. 7. 15. 중국 출신 이주민만 건강보험 재정수지가 적자를 보이는 이유는 국내 중국동포의 급속한 고령화에 따른 의료비 상승으로 추정된다.

90 법무부 해명자료/설명자료, 「출입국이민관리청 신설방안」, 2023. 12. 6.

91 국회의원 조정훈, 법무부, 이민정책연구원. 「이민청 설립방향 제안 세미나 자료집」, 2022 .8. 30., 2022. 9. 15., 2022. 9. 30.

92 김현식, 「결혼이주 여성과 한국 여성의 출산력에 관한 연구: 출신 국가별 출산력 차이를 중심으로」, 『보건사회연구』 38(2), 2018, 42~70쪽.

93 이철희·김혜진, 「외국인력의 산업별 고용구조분석: 인구별화 대응에 대한 함의」, 『노동정책연구』 20(2), 2020, 1~31쪽.

94 김승섭 외, 「코로나19 취약계층의 건강불평등 연구」, 서울특별시 공공보건의료재단. 2022.

95 손인서·김경주, 「코로나19 대유행과 이주민의 의료불평등. 의료서비스 위축과 의료연속성의 악화」, 『한국사회학』 56:3, 2022, 81~112쪽.

96 손인서, 「이주민대상 민간 보건의료서비스 전달의 동학: 차별적 의료보장제도와 민간 보건의료서비스의 대응」, 『경제와 사회』 137, 2022, 165~201쪽.

2장   다민족 대한민국

1   "미셸 스틸 美하원의원 재선… 한국계 4인방 모두 재입성", 『동아일보』, 2022. 11. 16.

2   http://www.okpedia.kr/Contents/ContentsView?content sId=GC95100010&localCode=naw&menuGbn=special

3   김동심 외, 「기지촌 혼혈인 인권실태조사」, 국가인권위원회, 2003.

4   박경태, 『소수자와 한국사회』, 후마니타스, 2008.

5   박경태, 앞의 책.

6   박경태 외, 「미군관련 혼혈인 실태조사 및 중장기 지원 정책방안」, 여성가족부, 2006; 김동심 외, 앞의 글.

7   박경태, 「미국 거주 한국계 혼혈인 실태조사」, 재외동포재단, 2007.

8   장안식 외, 「임금체불 피해 이주노동자 실태 및 구제를 위한 연구용역」, 국가인권위원회, 2023.

9   "외국인노동자지원센터 예산 '0원'…거점센터 사실상 폐지 수순", 『한겨레』, 2023. 9. 14.

10 일부 센터는 고용노동부의 별도 지원사업 수주 등을 통해 업무를 재개하기도 했지만 이전보다 삭감된 예산으로 운영에 어려움을 겪고 있다.

11 "외국인 노동자 두 배 오는데… 지원센터 44곳 내년에 전부 폐쇄", 『한국일보』, 2023. 9. 15.

12 김기태 외, 「사회배제 대응을 위한 새로운 복지국가 체제 개발-이주노동자 연구」, 한국보건사회연구원, 2020.

13 "맞고도 구금된 미등록 이주민… 때리고 풀려난 청소년", 『경향신문』, 2023. 7. 11.

14 강동관, 「국내 이민자의 경제활동과 경제기여 효과」, 일산, 이민정책연구원, 2017.

15 Michael Omi and Howard Winant. [1986]2015. *Racial Formation in the United States: From the 1960s to the 1990s*. New York: Routledge.

16 김주영 외. 「외국인 인력도입 현황과 과제」, 산업연구원, 2015, 78쪽.

17 김초희·김도연, 「한국 다문화 TV프로그램에서의 이주민·외국인 재현」, 『한국언론학보』 62(3): 2018, 309~341쪽.

18 안진, 「나는 왜 백인 출연자를 선택하는가?」, 『미디어, 젠더 & 문화』 30(3), 2015, 83~121쪽.

19 김초희·김도연, 앞의 글.

20 김초희·김도연, 앞의 글.

21 예로, 하상복, 「황색 피부, 백색 가면: 한국의 내면화된 인종주의의 역사적 고찰과 다문화주의」, 『인문과학연구』 33, 2012, 525~556쪽; 박경태, 『인종주의』, 책세상, 2020.을 참고하라.

22 ""농촌 총각, 베트남 유학생과 자연스런 만남"…문경시, 인권위 진정 당해", 『한겨레』. 2021. 5. 28.

23 "매매혼·성차별 논란 '농촌총각 국제결혼 지원 조례' 속속 폐지", 『중앙SUNDAY』, 2023. 5. 27.

24 귀화의 방법으로 국적을 취득한 자 또는 외국인이 한국인(귀화자 포함) 배우자와 결혼한 결혼이민자 가구. 통계 자료는 kosis.kr에서 확인할 수 있다.

25 결혼이주민의 수는 결혼이민체류자격 소유자와 국적법 3·4조에 따라 한국 국적을 취득한 자의 수를 더한 것이다.

26   Minjeong Kim. 2013. "Citizenship Projects for Marriage Migrants in South Korea: Intersecting Motherhood with Ethnicity and Class." *Social Politics* 20(4): pp. 455-81.

27   김은정 외, 「결혼이주민의 안정적 체류보장을 위한 실태조사」, 국가인권위원회, 2017.

28   김은정 외, 앞의 글.

29   관계기관 합동, 「제4차 다문화가족정책 기본계획(안)(2023-2027)」, 2023.

30   "오세훈 시장이 제안한 '월 38만~76만원' 외국인 가사 도우미, 한국에서 가능할까", 『경향신문』. 2022. 10. 3.

31   "오세훈 시장이 제안한 '월 38만~76만원' 외국인 가사 도우미, 한국에서 가능할까", 『경향신문』. 2022. 10. 3.

32   손인서, 「성별화·인종화된 돌봄노동과 여성 중국동포 돌봄노동자의 노동경험」, 『한국여성학』 36:4, 2020, 95~129쪽.

33   손인서, 「중국동포 돌봄노동자의 경력이동: 연령화, 인종화된 인식과 이주민 불평등」, 『경제와 사회』 128, 2020, 312~344쪽

34   손인서, 「성별화·인종화된 돌봄노동과 여성 중국동포 돌봄노동자의 노동경험」, 『한국여성학』 36:4, 2020, 95~129쪽.

35   예로 대만의 경우, Pei-Chai Lan. 2006. *Global Cinderellas: Migrant Domestics and Newly Rich Employers in Taiwan*. Durham. NC: Duke University Press; 필리핀 출신 가사노동자는 Rhacel Parreñas. [2001]2015. *Servants of Globalization: Migration and Domestic Work*. Stanford, California: Stanford University Press; 미국의 중남미 출신 이주가사노동자는 Pierrette Hondagneu-Sotelo. 2001. *Domestica: Immigrant Workers Cleaning and Caring in the Shadows of Affluence*. Univ of California Press.를 참고하라.

36   손인서, 앞의 글.

37   손인서, 앞의 글.

38   "교회에서, 공연장에서… 정부의 '토끼몰이식' 미등록 이주민 단속, 괜찮나", 『경향신문』, 2023. 4. 3.

39   "불법체류 단속 옳지만… 농가는 일손 없어 '죽을맛'", 『문화일보.』,

2023. 3. 23.

40 이규용, 「외국인 비합법 체류 및 고용실태」, 『월간 노동리뷰』, 2020.

41 이규용, 앞의 글.

42 "경찰에게 살해된 소년, 다시 시작된 반란", 『시사IN』, 2023. 6. 30.

43 "고질적인 이민자 차별…프랑스 '분노의 뇌관' 폭발했다", 『경향신문』, 2023. 7. 3.

44 "[낭테르에서] '나엘들'이 애타게 찾는 '정의'는 무엇인가", 『한겨레』, 2023. 7. 6.

45 ""佛 보니 이민 받지 말자? 그건 오답"…전문가들이 본 이민시대 [이제는 이민시대]", 『중앙일보』, 2023. 7. 31.

46 EU의 정의에 따르면 2세대 이주민은 부모 중 적어도 한 명이 이주민으로서, 본국에서 태어났거나 이주국에서 태어난 자녀를 모두 포함한다. https://home-affairs.ec.europa.eu/networks/european-migration-network-emn/emn-asylum-and-migration-glossary/glossary/second-generation-migrant_en.

47 최근에서야 정부와 학계는 2세대 이주민을 모두 포함하는 용어로 '이주배경 아동(청소년, 청년)'을 제안했다. 그러나 이 용어는 이주민과 이주배경 아동을 마치 다른 특성을 지닌 집단인 것처럼 구분하기 때문에 올바른 표현은 아니다. 정부와 학계의 용어에 관해서는 다음을 참고하라. 양계민 외, 「포용사회 구현을 위한 이주배경 아동·청소년 성장기회격차 해소방안연구」, 경제·인문사회연구회, 2020.

48 신윤정 외, 「인구변화 대응을 위한 포용적 다문화 정책 방안: 이주배경 아동의 발생·성장 환경 분석」, 경제·인문사회연구회, 2018.

49 2021년에 들어서야 정부는 2세대 이주민의 현황을 파악하기 위한 기초 작업에 착수했다. 양계민 외, 앞의 글을 참고하라.

50 양계민 외, 앞의 글.

51 물론 청소년복지지원법에서는 예외적으로 '이주배경 청소년'에 다문화 가족 청소년 외에도 국내로 이주한 청소년을 지원하지만 미등록 이주민 자녀는 제외되는 등 뚜렷한 한계가 있다.

52 더욱 우려되는 것은, 다문화 가정 자녀를 포함해서 25세 이상의 2세대 이주민의 현황은 전혀 알려져 있지 않다는 점이다.

53   "학습격차 현상 심화…다문화 청소년과 국민 전체 취학률 격차 30%", 『조선에듀』, 2022. 6. 27; 한국여성정책연구원, 「2021년 전국 다문화가족실태조사연구」, 2022, 여성가족부

54   한국여성정책연구원, 「2018년 전국다문화가족실태조사연구」, 여성 가족부, 2019; 한국여성정책연구원, 「2021년 전국다문화가족실태 조사연구」, 여성가족부, 2022; 장인순, 「다문화 가정과 한국문화 가 정 청소년의 건강위험행위, 정신건강 및 건강인식 비교」, 『한국학교 보건학회지』 33(2), 2020, 115~124쪽 참고.

55   "인천 중학생 추락 사건 "다문화 가정 자녀 대상으로 한 폭력"", YTN, 2018. 11. 20.

56   정해숙 외, 2015, 「전국다문화가족실태조사 분석」, 한국여성정책연 구원·여성가족부, 2016.

57   통계청, 「2021년 장래인구추계를 반영한 내·외국인 인구전망: 2020~2040년」, 2022.

58   OECD. 2023. Indicators of Immigrant Integration 2023.

59   OECD. Ibid.

60   유엔난민기구, 「유엔난민기구 대한민국 난민 인식 변화 조 사」, 2021. https://www.unhcr.org/kr/news/bodojalyo/ yuennanmingigu-daehanmingug-nanmin-insig-byeonhwa-josa

61   심사 완료 건수 대비 인정율.

62   법무부 출입국·외국인정책본부, 「2022 출입국·외국인정책 통계연 보」, 2023.

63   "[마부작침] 난민문제, 이것부터 보고 보자.", SBS News, 2021. 1. 7. https://mabu.newscloud.sbs.co.kr/201807refugee/

64   "베일 벗은 '난민 지침' 뜯어보니…이유도 모른 채 감내해온 '편견 의 장벽'", 『경향신문』, 2022. 5. 1.

65   "난민 청원 70만 돌파…정치권 난민법안 들여다보니", KBS, 2018. 7. 12.

66   한국민족문화대백과사전. 재외동포. https://encykorea.aks. ac.kr/Article/E0049029

67   국사편찬위원회 재외동포사총서 1. 초기한인이민(1903~1944) 과 한인사회 https://db.history.go.kr/item/level.do?

sort=levelId&dir=ASC&start=1&limit=20&page=1&
pre_page=1&setId=-1&totalCount=0&prevPage=0
&prevLimit=&itemId=oksr&types=&synonym=off
&chinessChar=on&brokerPagingInfo=&levelId=ok
sr_002_0010_0010_0010&position=-1

68 한국민족문화대백과사전, 만주 https://encykorea.aks.ac.kr/
Article/E0017721; 재외동포 https://encykorea.aks.ac.kr/
Article/E0049029

69 "20세기 한국인 5명 중 1명 해외 이주",『중앙일보』, 2011. 11. 3.

70 재외동포청, 재외동포 현황. http://www.oka.go.kr/oka/
information/know/status/

71 "[박노자의 한국, 안과 밖] '동포'들을 차별하는 나라",『한겨
레』, 2021. 4. 27.; 그리고 재외동포 시민권의 정치화에 대해서
는, Jaeeun Kim. 2016. *Contested Embrace: Transborder
Membership Politics in Twentieth-Century Korea.*
Stanford, CA: Stanford University Press.를 참고하라.

72 이진영,「재외동포정책」, 정기선 엮음,『한국 이민정책의 이해』, 백
산서당.

73 한국형사정책연구원,「2017 한국의 범죄현상과 형사정책」, 2018.

74 박상조·박승관,「외국인 범죄에 대한 언론 보도가 외국인 우범자 인
식의 형성에 미치는 영향」,『한국언론학보』60(3), 2016, 145~177
쪽.

75 Dong-Hoon Seol and Jungmin Seo. 2014. "Dynamics of
Ethnic Nationalism and Hierarchical Nationhood: Korean
Nation and Its Othernesss since the Late 1980s." *Korea
Journal* 54(2). pp. 5-33.

76 이창원·최서리,「국내 노동시장에서 중국동포 임금차별은 존재하
는가?: 중국동포와 한국인의 임금결정요인 비교 분석」,『아세아연
구』59(4), 2016, 178~220쪽.

77 오정은 외,「국내체류 중국동포 현황 조사. 재외동포재단 조사연구
용역 보고서」, 재외동포재단, 2016.

78 김승섭 외,「코로나 19 취약계층의 건강불평등 연구」, 서울특별시
공공보건의료재단, 2022.

79   남북하나재단,「2023 북한이탈주민 정착실태조사」, 남북하나재단, 2023.

80   통일부, 북한이탈주민 현황. https://www.unikorea.go.kr/ unikorea/business/NKDefectorsPolicy/status/lately/

81   문인철·송미경,「서울시 북한이탈주민 지원정책 개선방안」, 서울연구원, 2022.

82   북한이탈주민의 보호 및 정착지원에 관한 법률 제4조 3.

83   한국행정연구원,「2023년 사회통합실태조사」, 2023.

84   "[탈북민 디아스포라 ④] "탈북민도 우리 국민" 84% "내 며느리로 괜찮아" 9%."『매일경제』. 2019. 10. 21.; "[탈북민 디아스포라 ④] 국민으로 받아는 들이되… "탈북민 지원에 세금내기 싫다" 63%" 『매일경제』. 2019. 10. 21.

85   남북하나재단. 앞의 글.

86   이승열,「북한이탈주민 취약계층 지원정책 현황과 개선과제」, 국회입법조사처, 2021.

87   이원종·백남설,「북한이탈주민 탈남 실태분석 및 대응방안 연구」, 『한국경찰학회보』 23(3), 2021, 49~76쪽.

88   "[탈북민 디아스포라 ①] 자녀에 '차별 대물림' 끊으려 제3국행", 『매일경제』, 2019. 10. 9.

89   "한국이 탈북민을 대하는 방식은 '차별'도 아닌 '배제'",『프레시안』, 2019. 10. 21.

90   문인철·송미경, 앞의 글.

91   북한이탈주민 실태조사의 차별 설문 문항은 다른 이주민조사의 문항과 매우 다르다.

92   "중국계 한국인 '한국 화교' 연구: "한국인·대만인·중국인 사이에서 길을 잃다",『Daily 월간조선』, 2013. 2. 10. 이 기사에서 인용한 문헌은 현재 확인이 불가능하다. 부정확할 수 있는 통계이다. https://monthly.chosun.com/client/news/viw.asp?ctcd=C&nNewsNumb=201302100044

93   이용재,「한국화교의 정착과정과 실패요인: 경제·정치·사회적 지위 불일치를 중심으로」,『민족연구』 62, 27~49쪽.

94   "[가장 오래된 이주민 화교, 이방인 아닌 이웃·(中)] 차별과 혐오 역사 140년",『경인일보』, 2022. 8. 29.

95   Min Zhou. 1992. *Chinatown: The Socioeconomic Potential of an Urban Enclave*. Philadelphia: Temple University Press; Yen Le Espiritu. 2008. *Asian American Women and Men: Labor, Laws, and Love*. Lanham: Rowman & Littlefield Publishers.

96   William Julius Wilson. 1987. *The Truly Disadvantaged. The Inner City, the Underclass, and Public Policy*. Chicago: University of Chicago Press.

97   박상조·박승관, 앞의 글.

98   James Q Wilson and George L. Kelling. March 1982. "Broken Windows." www.theatlantic.com.

99   Daniel T. Brien, Chelsea Farrell and Brandon C. Welsh. 2019. "Looking through Broken Windows: The Impact of Neighborhood Disorder on Aggression and Fear of Crime Is an Artifact of Research Design." *Annual Review of Criminology* 2: pp. 53-71.; Daniel T. O'Brien, Chelsea Farrell and Brandon C. Welsh. 2019. "Broken (Windows) Theory: A Meta-Analysis of the Evidence for the Pathways from Neighborhood Disorder to Resident Health Outcomes and Behaviors." *Social Science & Medicine* 228: pp. 272-92.

100   고민경, 「옌변거리에서 차이나타운, 그리고 중국국적 이주자의 모빌리티 관문으로: 대림동 이주자 밀집 지역의 진화」, 『Asian Regional Review DiverseAsia』 Vol.2 No.3, 2019.

101   "대림동에서 보낸 서른 번의 밤", 『시사IN』, 2019. 2. 8.

102   Hwajin Shin, Inseo Son & In-Jin Yoon. 2022. "Fragmented Ethnic Enclave and Declining Cohesion of Ethnic Return Migrants in South Korea." *Korea Journal* 62(1): pp. 216-244.

1 Frank H, Wu 2002. *Yellow: Race in America Beyond Black and White*. New York: Basic Books. p.70.

2 "Official Who Said Atlanta Shooting Suspect Was Having A 'Bad Day' Faces Criticism." NPR. 2021. 3. 18.

3 https://stopaapihate.org

4 "아시안 혐오 확산, 흑인 폭력만 부각되면 또 다른 인종갈등 낳는다", 『한국일보』, 2021. 4. 7.

5 USA FACTS, https://usafacts.org/data/topics/people-society/population-and-demographics/our-changing-population/

6 https://history.state.gov/milestones/1921-1936/immigration-act.

7 National Archives. Japanese-American Incarceration During World War II. https://www.archives.gov/education/lessons/japanese-relocation.

8 William Petersen. "Success Story, Japanese-American Style". *The New York Times Magazine*. 1966. pp. 20ff.

9 일부 국내 학계는 1970년 이후 변화된 미국의 인종주의를 세계적인 현상으로 파악하면서 한국사회의 인종주의를 '신인종주의'로 개념화한다. 그러나 미국의 변화된 인종주의(미국에서는 몰인종적 인종주의(colorblind racism)로 불린다)는 법적으로 인종차별이 금지된 맥락에서 등장한 것이기 때문에 인종차별 금지 제도가 없는 한국사회에 적용되기 어렵다. 한국의 신인종주의에 관한 논의는 다음의 책에서 확인할 수 있다. 박경태, 『인종주의』, 책세상, 2020.

10 한흑갈등의 인종주의적 측면에 대해서는 다음을 참고하라. Claire Jean Kim. 2000. *Bitter Fruit: The Politics of Black-Korean Conflict in New York City*. New Haven: Yale University Press.

11 한인 이민자의 정착과 LA 폭동의 과정에 대해서는 다음을 참고하라. Nancy Abelmann and John Lie. 1995. *Blue Dreams: Korean Americans and the Los Angeles Riots*.

Cambridge, Mass.: Harvard University Press.

12   "Steven Yeun Just Became the First Asian-American Best
      Actor Nominee in Oscars History." 2021. 3. 15. *IndieWire*.

13   "Why Do Asian-Americans Remain Largely Unseen in
      Film and Television?" 2018. 11. 6. *New York Times*.

14   "What the controversy over 'Minari' says about being
      American". 2021. 2. 28. CNN.

15   미묘한 차별, 미세차별 등으로 번역되는 미시차별은 미국에서 차별
      금지 제도로 공공연한 차별이 허용되지 않는 맥락에서 주류 인종이
      사소하고 가벼운 형태로 다른 인종에게 가하는 사회심리적 위해를
      가리킨다. 최근 들어 미시차별을 국내에 적용하는 연구가 증가하고
      있지만, 차별에 대한 제도적·사회적 제재가 없는 한국 사회에서 내
      국인의 인종 편견을 미시차별로 보는 시각은 주의를 요한다. 국내
      미시차별 조사의 예는, 최은아·장은영, 「국내거주 외국인 대상 마이
      크로 어그레션의 유형 및 한국청소년들의 인식 연구」, 『다문화교육
      연구』, 15(2), 2022, 181~208쪽에서 확인할 수 있다.

16   "Commentary: The casual racism of mispronouncing an
      Asian person's name." 2021. 4. 6. *Los Angeles Times*.

17   Pew Research Center, Key facts about Asian Americans,
      a diverse and growing population https://www.
      pewresearch.org/short-reads/2021/04/29/key-facts-
      about-asian-americans/

18   이러한 예로는 2010년대 초 KBS에서 방영된 〈글로벌 성공시대〉,
      〈[다큐멘터리 3일] 내일은 내일의 태양이 뜬다: 애틀랜타 한인 타
      운〉 등이 있다.

19   Bill Ong Hing. 1993. *Making and Remaking Asian America
      through Immigration Policy, 1850-1990*. Asian America.
      Stanford. Calif.: Stanford University Press. p.66.

20   https://www.pewresearch.org/social-trends/fact-
      sheet/asian-americans-koreans-in-the-u-s/#korean-
      population-in-the-u-s-2000-2019

21   In-Jin Yoon. 1997. *On My Own: Korean Businesses
      and Race Relations in America*. Chicago: University of

Chicago Press. pp. 49-99.

22   In-Jin Yoon. Ibid.

23   Paul M. Ong, Edna Bonacich, and Lucie Cheng. 1994. *The New Asian Immigration in Los Angeles and Global Restructuring*. Asian American History and Culture. Philadelphia: Temple University Press. pp. 3-38.

24   In-Jin Yoon. Ibid.

25   재미교포의 경제활동에 대해서는 다음을 참고하라. Illsoo Kim. 1981. *New Urban Immigrants: The Korean Community in New York*. Princeton, N.J.: Princeton University Press.; Pyong Gap Min. 1988. *Ethnic Business Enterprise: Korean Small Business in Atlanta*, 1st ed. ed. New York: Center for Migration Studies.

26   APALC and AAJC. 2011. "A Community of Contrasts: Asian Americans in the United States: 2011," p. 30.

27   Yu Xie and Kimberly A. Goyette. 2004. *A Demographic Portrait of Asian Americans*. New York, NY: Russell Sage Foundation; Washington, DC: Population Reference Bureau. p.429; Pyong Gap Min and Sou Hyun Jang. 2014. "The Concentration of Asian Americans in Stem and Health-Care Occupations: An Intergenerational Comparison." *Ethnic and Racial Studies*. 38(6): pp.1-22.

28   Stanly Sue and Sumie Okazaki. 1990. "Asian-American educational achievements: A phenomenon in search of an explanation." *American Psychologist* 45(8): pp. 913-920; Yu Xie and Kimberly A. Goyette. 2003. "Social mobility and the educational choices of Asian Americans." *Social Science Research* 32(3): pp. 467-98.

29   ChangHwan Kim and Arthur Sakamoto. 2010. "Have Asian American Men Achieved Labor Market Parity with White Men?" *American Sociological Review* 75(6): pp. 952-3.

30   https://www.pewresearch.org/social-trends/rise-of-asian-americans-2012-analysis/koreans/

31 아시아계 미국인들이 겪는 다양한 차별경험에 대해서는 다음을 참고하라. Rosalind Chou and Joe R. Feagin. 2008. *The Myth of the Model Minority: Asian Americans Facing Racism.* Boulder: Paradigm Publishers. 아시아계 미국인들이 겪는 다양한 인종적 주변화에 대해서는 다음을 참고하라. Frank H Wu. 2002. *Yellow: Race in America Beyond Black and White.* New York: Basic Books.

32 박노자. "[박노자의 한국, 안과 밖] '동포'들을 차별하는 나라", 『한겨레』, 2021. 4. 27

33 ""한국은 좋은 나라" 美교포 '건강보험 먹튀' 파문", 『서울신문』, 2019. 2. 16.

34 Stephen Cho Suh. 2020. "Racing "Return": The Diasporic Return of U.S.-Raised Korean Americans in Racial and Ethnic Perspective." *Ethnic and Racial Studies* 43(6): pp. 1072-90.

35 "손흥민 또 '인종차별'…토트넘 "모든 차별은 설 자리가 없다"", 『한겨레』, 2023. 5. 8.

36 K리그에서 뛰었던 태국 축구선수의 이름.

37 "손흥민-이강인 당한게 얼마 전인데, 충격의 울산발 인종차별 발언", 『스포츠한국』, 2023. 6. 13.

38 "프로축구 사상 첫 인종차별 관련 징계… 1경기 출장 정지·1,500만 원 제재금", 『한국일보』, 2023. 6. 22..

39 Michelle Christian. 2019. "A Global Critical Race and Racism Framework: Racial Entanglements and Deep and Malleable Whiteness." *Sociology of Race and Ethnicity* 5(2): pp. 169-85.

40 "40 years after Vincent Chin's death, activists work to keep legacy from fading." PBS. 2022. 6. 23. https://www.pbs.org/newshour/nation/40-years-after-vincent-chins-death-activists-work-to-keep-legacy-from-fading

41 Cathy Park Hong. 2020. *Minor Feelings: an Asian American Reckoning.* New York: One World.

찾아보기

ㄱ

개 호루라기 정치dog whistle politics
76, 77

검은 월스트리트Black Wall Street
200

고용허가제(외국인근로자의 고용등
에 관한 법률) 24, 25, 59, 60

교육 국제화 역량 인증제 54, 55

국제결혼 지원조례 110

깨진 유리창 이론broken window the-
ory 164

ㄴ

나엘 메르주크Nahel Merzouk 살해
사건 126

난민법 135

니트(NEET)족 131

ㄷ

다문화 가족 31

다문화가족정책 기본계획 114

〈다문화 고부열전〉 112

다문화수용성 46

다문화전문가 학위 과정 47

다문화주의multiculturalism 29, 30

대구 이슬람사원 논란 34, 35

대나무 천장bamboo ceiling 183

도널드 트럼프Donald Trump 77

두순자 198

ㄹ

라타샤 할린스Latasha Harlins 198

〈러브 인 아시아〉 112

로널드 레이건Ronald Reagan 78

로드니 킹Rodney King 사건(1991년)
198

로버트 애런 롱Robert Aaron Long
169, 170

리처드 닉슨Richard Nixon 77

ㅁ

모범 소수자model minority 174,
199

〈물 건너온 아빠들〉 112

〈미나리〉Minari 177, 178

미등록 이주민undocumented immi-
grants 70, 71

미성년 입국자 추방유예법(미국)De-
ferred Action for Childhood Arrival,
DACA 188

미시차별microaggression 178

민권법(미국)Civil Rights Acts 174

ㅂ

방문취업제도 26, 27, 142
백인우월주의white supremacy 172
〈범죄도시 1〉 144~146, 161, 162
법무부 사회통합 프로그램 30, 31
복지 여왕Welfare Queen 78
북한이탈주민 실태조사 43~45
북한이탈주민보호센터 152
북한이탈주민지원법 152
불법체류 감축 5개년 계획 121
비전문인력 체류자격 100
빈센트 친Vincent Chin 살해사건
  (1982년) 169

ㅅ

사이구(429), 1992년 LA 폭동 197,
  198
스티븐 연Steven Yeun 177

ㅇ

아동시민권법(미국)Child Citizenship
  Act of 2000 187
아시아계 혼혈인 입양법Amerasian
  Immigrant Act of 1982 95, 96
아프가니스탄 특별 기여자 73,
  135, 136
애덤 크랩서Adam Crapser 188
애틀랜타 스파 총기난사 사건(2021
  년) 169, 170
여수 외국인보호소 화재 사건(2007
  년) 69, 70
영원한 이방인perpetual foreigner
  173

외국인 가사관리사 시범사업 115,
  116
외국인 산업연수제도 58, 59
외국인노동자 지원센터 99
외국인보호소 71, 72
외국인토지법(1961년) 159
외국인토지취득 및 관리에관한법률
  (1970년) 159
울산 현대 축구선수 인종차별 발언
  사건 191
윌리엄 피터슨William Peterson 174,
  175
이민immigration 22
이민자immigrants 16
이민자체류실태 및 고용조사 43~
  45
이민정책 22
2세대 이주민2nd generation migrants
  127, 128
이주민 건강보험 재정수지 79
〈이제 만나러 갑니다〉 152
인종race 17, 38, 39
인종기획racial project 19
인종주의racism 17, 170, 171
인종화racialization 17, 105
일본계 미국인 강제수용internment
  of Japanese Americans 173

ㅈ

재외동포법(재외동포의 출입국과
  법적지위에 관한 법률) 25, 26,
  140, 141
저스틴 전Justic Chon 185

전문인력 체류자격 53
정의를 위한 미국시민(단체)American Citizens for Justice 194, 195
제주 예멘 난민 입국 사건(2018년) 136
중국인 배척법(미국)Chinese Exclusion Act of 1882 173
지역특화형 비자 사업 55

ㅊ
차별discrimination 37, 38
차이나타운Chinatown 162, 163
〈청년경찰〉 144~148, 161, 162
출입국·이민관리청 신설방안 80

ㅌ
탈북민 제3국 망명 154
털사 학살Tulsa Massacre(1921년) 200

ㅍ
〈파친코〉Pachinko 185
편견prejudice 38, 39
〈푸른 호수〉Blue Bayou 185
필립 클레이Philip Clay 187

ㅎ
하나원(북한이탈주민 정착지원사무소) 152
하인스 워드Hines Edward Ward Jr. 97
한국아동양호회 95
한신대학교 어학연수생 강제출국 사건 51, 52
한인 해외이주 139
『호랑이 엄마의 교육전선』Battle Hymn of the Tiger Mother 175, 176
혼혈인 94, 95
화교 158, 159
화성 배터리 제조공장 화재 사고 5, 6
〈황해〉 161, 162
황화론Yellow Peril 173
흑인의 삶은 소중하다Black Lives Matter 운동 195

발표 지면

이 책의 일부는 필자가 그간 발표했던 글들을 대폭 수정, 재구성해 수록했다. 발표 지면은 다음과 같다.

머리말
"화성 리튬 배터리 공장 화재참사 이면의 문제", 『가톨릭뉴스 지금여기』, 2024. 10. 11.

다문화 없는 다문화 사회
"'다문화'는 없고 차별만 있다", 『가톨릭뉴스 지금여기』, 2021. 11. 16.

차별 없는 다문화 사회?
「개념의 빈곤, 불충분한 측정: 국내 이주민 차별경험 척도의 재검토」, 『비판사회정책』 78, 2023, 153~178쪽.

너희는 그래도 된다
"이주노동자의 삶은 없고 사용자의 이익만 보장하는 고용허가제", 『가톨릭뉴스 지금여기』, 2022. 1. 18.

우리 대신 우리를 돌보는 이주민
"돌봄의 위기, 이주민에게 떠넘긴 돌봄 노동", 『가톨릭뉴스 지금여기』, 2021. 12. 21.

너희에게 인권 따윈 필요 없다

"이주민은 잠재적 범죄자가 아니다", 『가톨릭뉴스 지금여기』, 2021. 10. 19.

혐오로 표를 모으다

"20대 대통령 선거와 이주민 혐오의 선거전략", 『가톨릭뉴스 지금여기』, 2022.
   3. 15.

이민청이 저출생 해법?

"이민청 또 다른 헛다리 집기", 『가톨릭뉴스 지금여기』, 2022. 12. 20.; "인구
   위기가 아닌 인력 위기", 『가톨릭 평론』 43, 2024, 44~52쪽.

이주민을 위한 K-방역은 없다

손인서·김경주, 「코로나19 대유행과 이주민의 의료불평등: 의료서비스 위축과
   의료연속성의 악화」, 『한국사회학』 56:3, 2022, 81~112쪽.

아주 오래된 인종차별

"혼혈인과 우리 안 인종차별의 역사", 『가톨릭뉴스 지금여기』, 2022. 2. 15.

배우자가 아닌 가정부

"편견과 폭력에 노출된 채 가족부양 도구 취급받는 결혼이주여성", 『가톨릭뉴
   스 지금여기』, 2022. 7. 19.

누구를 위한 가사도우미인가?

「중국동포 돌봄노동자의 경력이동: 연령화, 인종화된 인식과 이주민 불평등」,
   『경제와 사회』 128, 2020, 312~344쪽; 「성별화·인종화된 돌봄노동과 여성
   중국동포 돌봄노동자의 노동경험」, 『한국여성학』 36:4, 2020, 95~129쪽.;
   "누구를 위한 가사도우미인가?", 『가톨릭뉴스 지금여기』, 2024. 10. 11.

2세대 이주민과 2등시민
"우리가 외면했던 이주민 2세", 『가톨릭뉴스 지금여기』, 2022. 8. 16.

허울뿐인 난민정책과 난민혐오
"제도는 착한 사마리아인, 현실은 나쁜 사마리아인", 『가톨릭뉴스 지금여기』, 2022. 9. 20.

너는 한국인이 아니다
"한국인이면서 외국인인 이들", 『가톨릭뉴스 지금여기』, 2022. 10. 18.

한국의 흑인, 중국동포와 인종주의
"우리 안의 인종주의, 중국동포를 바라보는 우리의 시선", 『가톨릭평론』 29, 2020, 42~49쪽.

인종으로서 아시아인
"미국의 아시아인, '영원한 이방인'", 『가톨릭평론』 32, 2021, 71~79쪽.

재미교포, 어디에도 속하지 못한 이방인
「한국계 미국이민자의 자녀교육열망: 문화, 계층, 그리고 인종적 영향」, 『역사문화연구』 55, 2015, 191~232쪽.

떠도는 한인 입양인과 미등록 이주민
"한국에도 미국에도 온전히 속하지 못한 그들", 『가톨릭뉴스 지금여기』, 2022. 5. 17.

빈센트 친과 인종연대
"서구의 아시아인 혐오차별과 우리", 『가톨릭뉴스 지금여기』, 2022. 6. 21.

폐허 속에서 얻은 깨우침, 사이구와 한인공동체

"LA 폭동은 미국 한인 사회를 각성시켰다", 『가톨릭뉴스 지금여기』, 2022. 4.
　19.

맺음말

"인구위기가 아닌 인력위기", 『가톨릭평론』 43, 2024, 44~52쪽; "이민없는 이
　민정책, 다문화없는 다문화사회", 『씨알의 소리』 289, 2024, 55~64쪽.